高等职业教育汽车专业教材

汽车车载
网络技术

于洪兵　朱颖　孟婕◎主编

QICHE
CHEZAI
WANGLUO
JISHU

化学工业出版社
·北京·

内容简介

　　车载网络具有布线简单、设计简化、成本降低、可靠性和可维护性高等优点。本书紧密结合当前车载网络技术、发展及应用，主要包括 CAN 总线系统、LIN 总线系统、网关与诊断总线系统。详细介绍了车载网络技术的应用背景、功能和特点、网络技术在汽车上的应用情况及发展趋势；车载网络的结构与组成及其常用基本术语，汽车网络参考模型，车载网络分类和通信协议标准；CAN 协议，CAN 的基本组成和数据传输原理，CAN 主要部件的结构原理以及 CAN 设计基础知识；LIN、LAN、蓝牙的特点、结构原理、应用情况以及汽车光纤技术；典型汽车车载网络系统（包括大众迈奔轿车、比亚迪轿车、帝豪轿车等）；车载网络系统的故障与检修知识（包括车载网络系统的故障状态、现象、类型，检修注意事项，自诊断功能，故障检修步骤与检测方法），以及车载网络系统案例分析等内容。

　　本书可作为高等院校汽车类相关专业的教材，或为高职高专院校智能网联汽车类相关专业使用，也可供从事汽车专业的工程技术人员参考、阅读。

图书在版编目（CIP）数据

　　汽车车载网络技术 / 于洪兵，朱颖，孟婕主编.
北京：化学工业出版社，2025. 6. -- （高等职业教育汽车专业教材）. -- ISBN 978-7-122-47804-7

　　I. U463.67

　　中国国家版本馆 CIP 数据核字第 2025P75B59 号

责任编辑：李佳伶　　　　　　　　　装帧设计：王晓宇
责任校对：赵懿桐

出版发行：化学工业出版社
　　　　　（北京市东城区青年湖南街 13 号　邮政编码 100011）
印　　装：大厂回族自治县聚鑫印刷有限责任公司
787mm×1092mm　1/16　印张 10½　字数 251 千字　2025 年 8 月北京第 1 版第 1 次印刷

购书咨询：010-64518888
售后服务：010-64518899
网　　址：http://www.cip.com.cn
凡购买本书，如有缺损质量问题，本社销售中心负责调换。

定　　价：39.00 元　　　　　　　　　　　　　　　　版权所有　违者必究

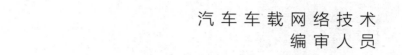

汽 车 车 载 网 络 技 术
编 审 人 员

主　编：于洪兵　朱　颖　孟　婕
副主编：孙　丽　王　晨　吴　娟　白隶燕
参　编：刘　颖　沈盛军　刘　潇　康雁军
　　　　樊　磊　王伊东　韩　敏
主　审：杜秀波

前言
PREFACE

随着汽车电动化、智能化、网联化的发展，汽车行业正经历着前所未有的变革。汽车车载网络技术作为智能网联汽车的核心组成部分，不仅关系到车辆的智能化水平，更是汽车行业未来发展的关键。在此背景下，国家政策对于推动汽车产业的科技创新和转型升级给予了高度重视，出台了一系列支持政策，旨在加快智能汽车的研发和应用，提升我国在全球汽车产业中的竞争力。本教材集合了主流传统燃油车和新能源汽车车载网络系统，旨在为汽车专业领域提供参考资料。该教材不仅涵盖了车载网络的基本理论知识、常见故障分析，还以新能源汽车为例进行车载网络知识的介绍和故障诊断。

本教材由多位汽车领域的企业专家、学校一线教师等共同编写，从车载网络的基本原理出发，逐步深入到各个子系统，构建了一个完整的知识体系。教材内容紧跟最新汽车车载网络技术的发展进行介绍和知识拓展，并且结合实际案例进行分析和故障诊断与排除，使理论知识与实践应用紧密结合，增强了教材的实用性和可操作性。教材设计了丰富的互动环节，包括思考题、案例分析和实训环节指导，鼓励学生主动探索和实践。

本书分为六个项目，主要有汽车车载网络概述、CAN总线传输系统、LIN总线传输系统、网关与诊断系统以及其他车载总线系统、常见新能源汽车网络系统故障诊断与排除等。全书由包头职业技术学院汽车与交通系于洪兵、朱颖、孟婕担任主编，孙丽、王晨、吴娟、白康燕担任副主编。其中，朱颖编写了第1章和第2章的部分内容（2.3舒适CAN总线），孙丽编写了第2章部分内容（2.1CAN总线概述），于洪兵编写了第2章部分内容（2.2驱动CAN总线），白康燕、吴娟编写了第3章，孟婕编写了第4、5章，王晨编写了第6章；包头职业技术学院汽车与交通系刘颖、沈盛军，包头机械工业职业学校刘潇，包头机电工业职业学校康雁军，准格尔旗职业高级中学樊磊，乌兰察布技师学院王伊东，包钢集团计量中心韩敏工程师均参加了部分编写工作。本书由鄂尔多斯职业技术学院杜秀波担任主审，包头职业技术学院汽车与交通系朱颖负责全书统稿工作。本书编写中得到了多位教师、企业专家的帮助，提出了许多宝贵意见和建议，在此深表谢意。本书在编写过程中，参阅了许多国内外公开出版的教材和发表的文献资料，同时得到了包头职业技术学院上汽大众培训中心的大力支持，在此一并表示感谢。

由于时间仓促，加之水平有限，书中难免存在不妥之处，敬请读者提出宝贵意见。

编者

2024年6月

目录
CONTENTS

1

概述

1.1　车载网络技术的应用背景

20 世纪 50 年代，汽车基本上都是没有电子设备的机械系统，但是随着汽车技术的不断发展，人们对汽车各方面的性能要求也越来越高，在追求车辆动力性和操控性的同时，对舒适性和安全性也提出了更高的要求。随着集成电路在汽车上的广泛应用，汽车上的电子控制系统越来越多，如电子燃油喷射系统（EFI）、汽车防滑控制系统（ABS/ASR）、电控自动变速器（EAT）、安全气囊（SRS）、电子悬架（ECS）和电动助力转向系统（EPS）等。各种电子控制系统的导入和应用，使汽车的各项功能更加完善，控制更加精确和灵活，智能化程度也不断提升。然而，功能的日益增加和完善，使车载电子控制模块的数量以惊人的速度增加，电子设备已经成为体现汽车价值的主要组成部分之一，平均达到现代汽车总价值的三分之一。因此今天的汽车不再是带有电子设备的车辆，而是"车轮上的计算机"，如图 1-1 所示。

图 1-1　车轮上的计算机

随着电控单元（ECU）的大量引入，汽车制造和安装变得困难，制造成本增加，而且线束的增加不利于汽车轻量化设计，扩大了粗大的线束与汽车有限的可用空间之间的矛盾，同时也存在冗余的传感器、大量的插接器导致可靠性降低，同时使汽车运行可靠性降低、故

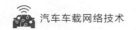

障维修难度增加。为了提高信号的利用率，要求大批的数据信息能在不同的电子单元中共享，汽车综合控制系统中大量的控制信号也需要实时交换，以提高系统资源的利用率和工作可靠性。

为了简化线路，提高信息传输的速度和可靠性，降低故障频率，车载网络技术应运而生，如控制器、控制器局域网（CAN）、局部连接网络（LIN）、局域网（LAN）和 FlexRay 等。一辆汽车不管采用多少个电控单元，每个电控单元只需引出两条线共同接在两个节点上，这两条导线称作数据总线，也称为网线。

采用车载网络可减小线束尺寸和质量，降低成本，减少插接器的数量，同一款车同等配置下，可以大大简化汽车线束；可以进行设备之间的通信，丰富功能；通过信息共享，减少传感器信号的重复数量；通过系统软件即可实现控制系统功能变化和系统升级；可为诊断提供通用的接口，利用多功能测试仪对数据进行测试与诊断，便于维护和故障检修。常规方法布线与采用总线方式布线如图 1-2 所示。

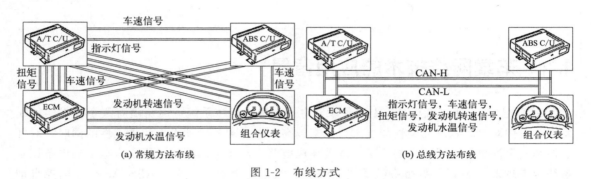

图 1-2　布线方式

1.2　车载网络的发展历程

自 1980 年起，汽车上开始安装车载网络。

1983 年，博世公司开发了汽车总线系统，即 CAN。同年，丰田汽车公司在世纪牌汽车上采用了应用光缆的车门电控系统，实现了多个控制单元的连接通信。此系统采用了集中控制方法，车身 ECU 对车门的门锁、电动玻璃窗进行控制，这就是早期在汽车上采用的光缆系统。

1986～1989 年间，汽车车身电气系统安装了以铜导线作为网线连接的车载网络系统；1987 年，作为集中型控制系统，日产公司的车门相关系统和美国通用公司的车灯多路传输控制系统处于批量生产阶段。在这个时期内，德国博世公司提出了汽车车载局域网（LAN）的基本协议，该协议即控制器局域网（Controller Area Network），简称 CAN。目前控制系统局域网中应用最广泛的标准就是 CAN。

1992 年，奔驰汽车公司作为世界上第一个开发出 CAN 总线技术的公司，将 CAN 总线装配在客车上。

1993 年，ISO 公布了 CAN 协议的国际标准 ISO11898 以及 ISO11519。美国通过采用 SAEJ1850 总线普及了数据共享系统，也通过了 CAN 标准。

2000 年，欧洲以与 CAN 协议不同的思路提出了控制系统的新协议——基于时间触发的协议（TTP），并在线控技术系统上开始应用。当对汽车引入智能交通系统时，需要与车外交换数据，在信息系统中将采用大容量的网络，于是出现了 DDB 协议、MOST 协议及 IEEE1394 协议等。由于大量数据需要交换，车载网络系统迫切需要频带更宽的总线。CAN 总线在一段时间内继续充当统治者的角色，采用 LIN、CAN 和 FlexRay 混合的协议方案成为趋势，DDB 协议、MOST 协议、ByteFlight 协议和 IEEE1394 协议将在信息娱乐网络和安全网络中占有一席之地。主要车载网络的开发年份、采用厂家与发表年份见表 1-1。

表 1-1 主要车载网络的开发年份、采用厂家与发表年份

年份	车载网络	厂家/地区	说明
1986	DDB 开发	飞利浦公司	1986 年 2 月北关车采用 LAN
	CAN 开发	博世公司	1986 年 12 月欧洲车采用 LAN
	VNP 开发	北美	1987 年 12 月日本车采用 LAN
	CCD 开发		
1988	MOST 开发	美国	—
	CCD 开发		
	VAN 开发		
1991	CAN 开发	欧洲	—
1992	DDB 开发	日本	—
	DDB Optical 开发		
1994	J1850 VAN	SAE 认可,ISO 批准	—
1995	DDB	欧洲	以汽车厂为主对新 LAN 进行研究
2000	发表 LIN	—	推出了众多新的 LAN
	发表 TTP		
	发表 ByteFlight		
	发表 TT CAN		

随着车载电子控制、信息装置以及信息服务需求的不断增加，对更好、更快、更可靠的车载网络的需求不断增长，尤其是多媒体信息、电子地图和 Internet 网络信息等在汽车上的应用，车载网络已经很难满足带宽、信息传输形式的需求，为此支持多媒体以及高数据传输的车载网络技术开始出现，车载以太网则为典型代表。车载以太网继承了以太网（Ethernet）传输速度快、可扩展性强等优点，以太网已于 2008 年前后开始在车辆故障自诊断（OBD）方面实现了实用化，在提高实时性、确保故障时安全性、降低成本以及提高数据传输速度方面进一步发展；同时，应用范围也将扩展到能够将车载 A 设备的影像传输（信息）系统、车身系统、控制系统、安全系统及信息系统等各系统的网关连接起来的主干网络。

汽车车载网络技术目前得到了较为广泛的应用，但尚没有满足成本低、性能非常可靠、具有容错能力、时间特性好（包括实时性和事件响应时间的可确定性）和可扩展性好的网络系统。由于车载网络应用的层次和目的的变化很大，不同的层次或目的对网络性能的要求有很大差异。若用性能高的网络系统覆盖低层次的应用，则汽车成本无法控制。汽车需要采用多个不同层次的网络标准，车载网络将是一个多层互联网结构。主要车载网络的名称、概要、

通信速度和组织/推动单位见表 1-2,几种典型网络的成本比例与通信速度对比如图 1-3 所示。

表 1-2　主要车载网络的名称、概要、通信速度和组织/推动单位

车载网络名称	概要	通信速度	组织/推动单位
CAN(Controller Area Network)	车身/动力与传动系统用 LAN 协议,最有可能成为世界标准的车用 LAN 协议	1Mbit/s	德国博世公司(开发),ISO
VAN(Vehicle Area Network)	车身系统控制用 LAN 协议,以法国为中心	1Mbit/s	ISO
J1850	车身系统控制用 LAN 协议,以美国为中心	10.4kbit/s 41.6kbit/s	福特公司
LIN(Local Interconnect Network)	车身系统控制用 LAN 协议,液压组件专用	20kbit/s	LIN 协会
IDB-C(TIS Data Bus On CAN)	以 CAN 为基础的控制用 LAN 协议	250kbit/s	IDM 论坛
TTP/C(Time Triggered Protocol by CAN)	重视安全,按用途分类的控制用 LAN 协议,时分多路复用(TDMA)	2Mbit/s 25Mbit/s	TIT 计算机技术公司
TTCAN(Time Triggered CAN)	重视安全,按用途分类的控制用 LAN 协议,时间同步的 CAN	1Mbit/s	德国博世公司,CIA
ByteFlight	重视安全,按用途分类的控制用 LAN 协议,通用时分多路复用(FTDMA)	10Mbit/s	宝马公司
FlexRay	重视安全,按用途分类的控制用 LAN 协议	5Mbit/s	宝马公司,藏姆物-克莱斯勒公司
DDB(Domestic Digital Bus)/Optical	音频系统通信协议,将 DDB 作为音顿系统总线,采用光纤通信	5.6Mbit/s	C&C 公司
MOST(Media Onented System Transport)	信息系统通信协议,以欧洲为中心,由克莱斯勒与宝马公司推出	22.5Mbit/s	MOST 合作组织
IEEE 1394	信息系统通信协议,有转化为 IDB1394 的趋势	100Mbit/s	1394 工业协会

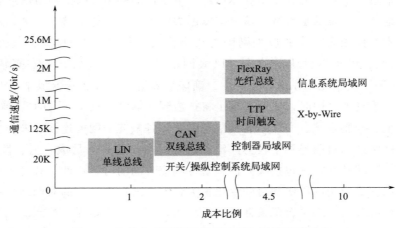

图 1-3　几种典型网络的成本比例与通信速度对比

1.3　车载网络系统的功能和特点

(1) 车载网络系统的功能

① 多路传输功能。为了减少车辆电气线束的数量,多路传输通信系统可使部分数字信号通过共用传输线路进行传输。当系统工作时,由各个开关发送的输入信号通过中央处理器 (CPU) 转换成数字信号,该数字信号以串行信号方式从传感器传输给接收装置,发送的信号在接收装置处将被转换为开关信号,再由开关信号对有关元件进行控制。

② "唤醒"和"休眠"功能。"唤醒"和"休眠"功能用于减少在关闭点火开关时蓄电池的额外能量消耗。当系统处于"休眠"状态时,多路传输通信系统将停止信号传输和 CPU 控制等功能,以节约蓄电池的电能;当系统有人为操作时,处于"休眠"状态的有关控制装置立即开始工作,同时还将"唤醒"信号通过传输线路发送给其他控制装置。

③ 失效保护功能,包括硬件失效保护功能和软件失效保护功能。当系统的 CPU 发生故障时,硬件失效保护功能使其以固定的信号进行输出,以确保车辆能继续行驶;当系统某控制装置发生故障时,软件失效保护功能将不受来自有故障的控制装置的信号影响,以保证系统能继续工作。

④ 故障自诊断功能,包括多路传输通信系统的自诊断模式和各系统输入线路的故障自诊断模式,既能对自身的故障进行自诊断,又能对其他系统进行故障诊断。

(2) 车载网络系统的特点

汽车网络信息的传输方式是利用数据总线将汽车上的各个功能模块 (电控单元等) 连接起来,形成汽车信息传输网络系统。发送数据和控制信号的功能模块将数据和控制信号以编码的方式发送到同一根总线上,接收数据或控制信号的功能模块通过解码获得相应的数据和控制命令 (或某个开关动作)。总线每次只传送一个信息,多个信息分时逐个 (串行) 传输。其传输特点如下:

① 由于用一根总线替代了多根导线,减少了导线的数量,减小了线束的体积,简化了整车线束,线路成本和质量都有所下降。

② 由于减少了线路和节点,信号传输的可靠性得以提高,并提高了整车电气线路的工作可靠性。

③ 改善了系统的灵活性,通过系统软件即可实现控制系统功能变化和系统升级。

④ 网络结构将各控制系统紧密连接,达到数据共享的目的,各控制系统的协调性可进一步提高。

⑤ 可为诊断提供通用的接口,利用多功能测试仪对数据进行测试与诊断,方便了维修人员对电子系统的维护和故障检修。

1.4　车载网络的系统结构

车载网络系统在汽车上的应用非常多,按照应用系统加以划分,车载网络大致可以分为 4 个系统:动力与传动系统、车身系统、安全系统和信息 (娱乐、ITS) 系统,其应用等级

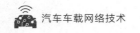

如图 1-4 所示。

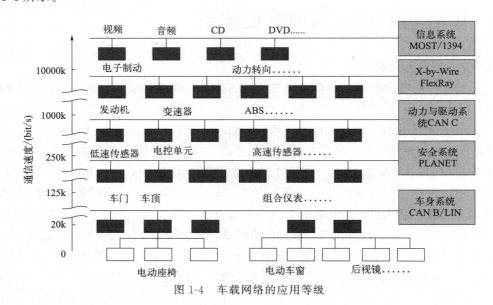

图 1-4　车载网络的应用等级

（1）动力与传动系统

动力与传动系统利用网络将发动机舱内的电控单元连接起来，实现如车辆行驶、停车及转弯等功能，采用高速网络。动力与传动系统电控单元的固定位置比较集中，节点数量也有限制。

动力 CAN 总线连接 3 个电控单元，即发动机电控单元、ABS 电控单元及自动变速器电控单元（动力 CAN 总线实际还可以连接 SRS、四轮驱动与组合仪表等电控单元）。总线可以同时传递 10 组数据，即发动机电控单元 5 组、ABS 电控单元 3 组和自动变速器电控单元 2 组。数据总线以 500kbit/s 的速率传递数据，每一数据组传递大约需要 0.25ms，每一电控单元 7～20ms 发送一次数据。其顺序为 ABS 电控单元、发动机电控单元和自动变速器电控单元。动力与传动系统中的数据传递应尽可能快，以便及时利用数据，所以需要一个高性能的发送器。高性能发送器会加快点火系统间的数据传递，使接收到的数据立即应用于下一个点火脉冲。CAN 总线连接点通常置于电控单元外部的线束中，在特殊情况下，连接点也可能设在发动机电控单元内部。

（2）安全系统

安全系统是指根据"多个传感器的信息"使安全气囊启动的控制系统，由此使用的节点数将急剧增加。对此系统的要求是成本低、通信速度快、通信可靠性高。

（3）车身系统

与动力与传动系统相比，车上各处都配置有车身系统的部件，因此，线束变长，易受到干扰，应尽量减慢通信速度，以提高抗干扰能力。在车身系统中，与性能（通信速度）相比，更注重于成本，目前常采用直连总线及辅助总线。舒适 CAN 总线连接 5 个电控单元，包括中央电控单元及 4 个车门电控单元，实现中央门锁、电动车窗、照明开关、后视镜加热及自诊断 5 种控制功能。电控单元的各条传输线以星状形式汇聚一点，如果一个电控单元发生故障，其他电控单元仍可发送各自的数据。该系统使经过车门的导线数量减少，线路简单。如果线路中某处对搭铁短路、对正极短路或线路间短路，CAN 会立即转为应急模式运行或转为单线模式运行。4 个车门电控单元都由中央电控单元控制，只需较少的自诊断线。数据总线以 625kbit/s 速率传递数据，每一组数据传递约需要 1ms，每个电控单元 20ms 发送一次数据。优先权顺序为：中央电控单元、驾驶人侧车门电控单元、前排乘客侧车门电控单元、左后车门电控单元、右后车门电控单元。由于舒适系统中的数据可以用较低的速率传递，所以发送器性能比动力传动系统发送器的性能要求低。

（4）信息（娱乐）系统

信息（娱乐）系统通信总线应具有容量大、通信速度高等特点，因此，通信媒体逐渐使用光纤取代以往的铜线。网络技术在汽车上除上述应用外，还有面向 21 世纪的控制系统、高速车身系统及主干网络等，因此会有不同的网络并存，要求网络之间可以互相连接，也可以断开。为了实现即插即用，将各种网络与总线相连，根据汽车平台选择并建立所需要的网络。

典型的车载网络如图 1-5 所示。

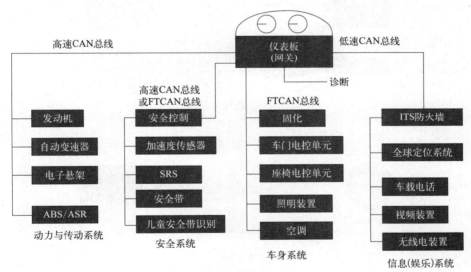

图 1-5　典型的车载网络结构

（5）网关

网关是汽车内部通信的核心，通过它可以实现各条总线上信息的共享，实现汽车内部网络管理和故障诊断。故障诊断系统是将车用诊断仪器连接到车载通信网络上加以实现的。

1.5　车载网络的组成

汽车车载网络系统包括传输媒体、拓扑结构和通信协议（MAC）三个部分，它们在很大程度上决定了可以传输的数据类型、通信速度、效率以及网络提供的应用种类。

（1）传输媒体

传输媒体也叫链路，指网络信息传输的媒体，分为有线和无线两种类型。目前车上使用的大多数都是有线网络。通常用于局域网的传输媒体有双绞线、同轴光缆和光纤。表 1-3 中列出了这三种传输媒体的特性。

表 1-3　双绞线、同轴电缆和光纤的主要特征

传输媒体	信号类型	最大数据传输速度/(Mbit/s)	最大传输距离/km	网络节点数/个
双绞线	数字	1～2	0.1	几十
同轴电缆(50Ω)	数字	10	0.5	几百
同轴电缆(75Ω)	数字	50	1	几千
光纤	模拟	100	1	几千

① 双绞线。双绞线是局域网中最普通的传输媒体，一般用于低速传输，最大数据传输率可达每秒几兆比特；双绞线成本较低，传输距离较近，非常适合汽车网络的情况，也是汽车网络使用最多的传输媒体。双绞线的结构如图 1-6 所示。

图 1-6　双绞线结构

② 同轴电缆。同轴电缆的基本结构如图 1-7 所示。

图 1-7　同轴电缆的基本结构

与双绞线一样，同轴电缆也是由两个导体组成，但其结构不同。它由一个空心的外圆柱面导体包着一条内部线形导体。外导体可以是整体的或金属编织的，内导体是整体的或多股的。用均匀排列的绝缘环或整体的绝缘材料将内部导体固定在合适的位置，外部导体用绝缘护套覆盖。几个同轴电缆线往往套在一个大的电缆内，有些里面还装有二芯绞线或四芯线组，用于传输控制信号。同轴电缆的外导体是接地的，由于它的屏蔽作用，外界噪声很少进入其内。

同轴电缆可以满足较高性能的要求，与双绞线相比，它可以提高吞吐量，连接较多的设备，跨越更长的距离。同轴电缆可以传输模拟信号和数字信号。与双绞线相比，同轴电缆有着优越的频率特性，因而可以用于较高的频率和数据传输率。由于其屏蔽的同轴心结构，比起双绞线来，对于干扰和串音就更不敏感。影响性能的主要因素是衰减、热噪声和交调噪声。

③ 光纤。光纤具有传输容量大、损耗低、线径细、质量小、不受电磁干扰等优点，适

合作为近程、中程以及远程的传输线路。光纤在电磁兼容性等方面有独特的优点，而且数据传输速度比较高，传输距离远，在汽车网络上，尤其在一些要求传输速度高的车载网络（如车上信息与多媒体网络）中有很好的应用前景。但因受到成本和技术限制，现在使用得并不多。

光纤的结构如图 1-8 所示。它由直径 $50\sim75\mu m$ 的玻璃纤维芯线和适当厚度的玻璃包层构成。芯线的折射率 n_1 略大于包层的折射率 n_2，在芯与包层之间形成良好的光学界面。

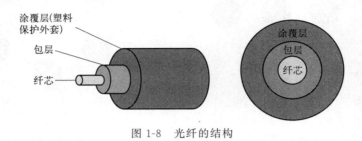

图 1-8   光纤的结构

光纤的正常传输过程如图 1-9 所示，当光以某角度射到纤维端时，光的传播情况取决于入射角的大小。

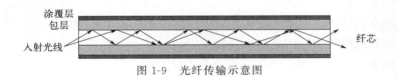

图 1-9   光纤传输示意图

（2）拓扑结构

所谓拓扑结构，就是网络的物理连接方式。局域网的常用拓扑结构有三种：星形、环形和总线型。

① 星形拓扑结构   星形网是以一台中心处理机为主组成的网络，各种类型的入网机均与该中心处理机通过物理链路直接相连。因此，所有的网上传输信息均需通过该机转发。其结构如图 1-10 所示。

星形网由于其物理结构，具有以下特点：由中心节点和其他从节点组成，中心节点可直接与从节点通信，而从节点间必须通过中心节点才能通信。

② 总线型拓扑结构   总线型拓扑结构是从计算机的总线访问控制发展而来的，它将所有的入网计算机通过分接头接入一条载波传输线上。网络拓扑结构就是一条传输线，如图 1-11 所示。

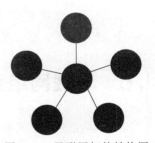

图 1-10   星形网拓扑结构图

所有的入网计算机共用一条传输信道，因此总线型拓扑结构的一个特殊问题就是信道访问控制权的分配，并由此产生一系列的处理机制。

总线型拓扑结构的特点是：因为多台计算机共用一条传输线，所以信道利用率较高；同一时刻只能有两处网络节点相互通信；网络延伸距离有限；网络容纳节点数受信道访问机制影响，因而是有限的。鉴于总线型拓扑结构的上述特点，它适用于传输距离较短、地域有限的组网环境。目前局域网多采用此种方式。

③ 环形拓扑结构　环形拓扑结构通过一个转发器将每台入网计算机接入网络，每台转发器与相邻两台转发器用物理链路相连，所有转发器组成一个拓扑为环的网络系统，如图 1-12 所示。

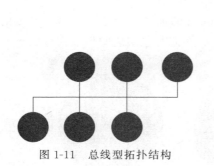

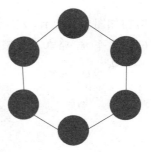

图 1-11　总线型拓扑结构　　　　　　　　图 1-12　环形拓扑结构

环形网由于其点对点通信的唯一性，不宜在广域范围内组建计算机网络。它是一种较为实用的局域网拓扑结构，尤其是在实用性要求较高的环境中更是如此。

环形拓扑结构的主要特点是：一次通信信息在网中传输的最大时间是固定的，因此实时性较高，每个网上节点只与其他两个节点通过物理链路直接互联，因此传输控制机制较为简单；一个节点出现故障可能会终止全网运行，因此可靠性较差；网络扩充需对全网进行拓扑和对访问控制机制进行调整，因此较为复杂。

（3）通信协议

通信协议是控制通信实体间有效完成信息交换的一组约定和规则。换句话说，想要交流成功，通信实体双方必须"说同样的语言"并按既定的控制法则来保证相互的配合。具体来讲，在通信内容、通信方法及通信时间等方面，两个通信实体相互遵从一组约定和规则，这些约定和规则的集合称为协议。大多数通信协议以及使用它们的数据总线和网络都是专用的。因此，维修诊断时需要专门的软件。

通信协议的三要素：

① 语法：确定通信双方之间"如何讲"，即通信信息帧的格式。

② 语义：确定通信双方之间"讲什么"，即通信信息帧的数据和控制信息。

③ 定时规则：确定事件传输的顺序以及速度匹配。

1.6　车载网络系统的分类和通信标准

目前存在的多种汽车网络标准，其侧重的功能有所不同。按照系统的复杂程度、通信速率、必要的动作响应速度、工作可靠性等方面的因素，美国汽车工程师学会（SAE）将汽车数据传输网划分为 A、B、C、D 和 E，共 5 类。表 1-4 为汽车数据传输网的类型。

表 1-4　汽车数据传输网的类型

类型	功能
A 类	面向传感器/执行器控制的低速网络，数据传输位速率小于 10kbit/s，主要用于后视镜调整、电动窗、刮水器、空调、照明等车身低速控制

类型	功能
B类	面向独立模块间数据共享的中低速网络，数据传输位速率在10～125kbit/s，主要应用于车身电子舒适性模块、仪表显示等系统
C类	面向实时性控制的中高速多路传输网络，数据传输位速率在125kbit/s～1Mbit/s之间，主要用于牵引控制、发动机控制、自动变速器控制、ABS控制等系统
D类	面向媒体信息的高速传输网络，数据传输位速率一般在1Mbit/s以上，主要应用于车载视频、车载音响、车载电话、导航等信息（娱乐）系统
E类	面向乘员的安全系统高速、实时网络，数据传输位速率在10Mbit/s以上，主要应用于车辆制动性安全领域

（1）A类网络

A类网络是应用在"控制模块与智能传感器或智能执行器"之间的通信网络（子总线），见表1-5。

该类网络特点是低传输位速率、低成本，A类的网络通信大部分采用UART（Universal Asynchronous Receiver Transmitter，通用异步收发器）标准，目前还在应用的主要是LIN协议、TTP/A协议和丰田专用BEAN协议等。

表1-5　A类网络总线协议

总线名称	用户	主要使用场合	备注
UART（ALDL）	通用汽车	多种场合	正在淘汰
Sinebus	通用汽车	音频	应用于无线操纵车轮控制
E&C	通用汽车	娱乐媒体	正在淘汰
12C	雷诺汽车	极少使用	—
J1708/J1587/J1922	T&B	多种场合	正在逐步被淘汰
CCD	克莱斯勒	传感器总线	正在逐步被淘汰
ACP	福特汽车	娱乐媒体	正在淘汰
BEAN	丰田汽车	控制	—
LIN	许多公司	车身控制	由LIN协会开发
TTP/A	TTTech互联网汽车公司	智能传感器	由维亚纳工业大学开发

（2）B类网络

主要应用的B类总线标准有三种：低速CAN、J1850和VAN，见表1-6。

低速CAN是B类总线的国际标准，以往广泛适用于美国车型的J1850正逐步被基于CAN总线的标准和协议所取代。

表1-6　B类总线对比

总线名称	用户	使用场合	备注
J2284	通用汽车、福特汽车	多种场合	基于ISO11898,500kbit/s
CAN	欧洲	车身系统控制	基于ISO11519,也称为容错CAN
J1939	TB	多种场合	在载货汽车、大客车应用时为250kbit/s
J1850	通用汽车、福特、克莱斯勒	多种场合	主要应用于北美汽车公司
VAN	雷诺汽车	车身控制	基于ISO11519-3,法国

（3）C 类网络

由于高速总线系统主要用于与汽车安全相关，以及实时性要求比较高的地方，如动力系统等，所以其有高传输速率，通常在 125kbit/s～1Mbit/s 之间，可支持实时的周期性参数传输。高速网络主要用于动力控制系统、电子制动系统等。C 类总线性能见表 1-7。

表 1-7　C 类总线性能

名称	TTP/C	FlexRay	ISO11898-2（高速 CAN）
主要用户	TTP 管理组织、奥迪、雷诺、日本电器等	宝马、摩托罗拉、戴姆勒、克莱斯勒	通用汽车、欧洲
应用场合	对实时性要求严格的系统（X-by-Wire）	X-by-Wire	汽车、自动化领域、航空
信息传输	同步	同步或异步	异步
位编码方式	频率控制	NRZ	NRZ
介质访问方式	TDMA	TDMA/FTDMA	CSM/CR
最大位速率	25Mbit/s	10Mbit/s	1Mbit/s
数据长度	0～236B	0～246B	0～8B

（4）D 类网络

汽车信息娱乐和远程信息设备，特别是汽车导航系统，需要功能强大的操作系统和连接能力。目前主要应用的几种 D 类总线协议见表 1-8。

表 1-8　D 类总线性能

特点类型	低速	高速				无线
总线协议	IDB-C	D2B		MOST	IDB-1394	蓝牙
		Cipper	OPtical			
应用场合	通信娱乐	通信娱乐		通信娱乐	PC 设备	PC 通信
传输介质	双绞线	双绞线	光纤	光纤	光纤	—
位速率	250kbit/s	29.8kbit/s	12Mbit/s	25Mbit/s	98～393Mbit/s	2.4GHz
备注	基于 CAN 总线	—				短距离射频技术

汽车多媒体网络和协议分为三种类型，分别是低速、高速和无线，对应 SAE 的分类相应为 IDB-C、IDB-M 和 IDB-W，其传输速率为 250kbit/s～100Mbit/s。

低速通信用于远程通信、诊断及通用信息传送，IDB-C 按 CAN 总线的格式以 250kbit/s 的位速率进行信息传送。

高速通信主要用于实时的音频和视频通信，如 MP3、DVD 和 CD 等的播放，所使用的传输介质是光纤。

无线通信方面，采用蓝牙规范。

（5）E 类网络

E 类网络主要面向乘员的安全系统，其主要用于"安全气囊系统"。主要作用为：连接气囊、控制电脑、加速度计、安全传感器等装置，为被动安全提供最佳保障。目前已有一些公司研制了相关的总线和协议，典型的安全总线标准如宝马公司的 Byteflight。

Byteflight 协议基于灵活的时分多路 TDMA 协议，以 10Mbit/s 的速率传送数据，光纤可长达 43m。不仅可以用于安全气囊系统的网络通信，还可用于 X-by-Wire 系统的通信和控制。其结构能够保证在一段固定的等待时间内专门用于来自安全元件的高优先级信息。利用 Byteflight 可以连接和收集前座保护气囊、后座保护气囊以及膝部保护气囊等安全装置的信号。在紧急情况下，这种决定性的措施对安全发挥最佳的保护效果。

1.7 车载网络的发展趋势

（1）DDB Optical 光纤

DDB Optical 是一种光纤通信系统，使用者可以将娱乐及信息产品与中央控制系统整合，不会与中央控制系统相互抵触。DDB 光纤网络采用光纤形式以光波传输数据，数据按次序在光纤网络中传输，主要用于收音机、卫星导航、CD、音控放大器、移动电话和道路交通导航系统等。采用 DDB 光纤网络可减少传输信号失真，线路无损耗。车辆其他用电设备产生高频干扰电流以及静电等对 DDB 光纤传输网络不构成干扰。目前，DDB Optical 应用在车身网络上，特别是数字影音和导航系统，其特点在于激活时即自我组态，且新旧 DDB Optical 装置都相融于车身网络。

（2）COMMAND 网络

COMMAND 网络是一种独立的网络，用于连接交通状况记录模块与电视（TV）频道译码模块，资料由中央通信控制单元播放 TV，并结合卫星导航和地图系统指示驾驶人如何避开交通拥塞道路。

（3）CellPorlabs 网络

CellPorlabs 移动电话网络与 DDB 光纤永久连接，当移动电话使用 TMC/GSM 与交通信息中心连接时，移动电话通过移动电话网络与交通状况记录模块传递信息，进行导航指示，与汽车使用共通的接口，行车时也可同时打电话。

（4）TOKENBUS

TOKENBUS 是一种通过网络到实体层寻找资料的方式。对加装与实时的配备而言，局域网络不需要太多软件支持便能提供实体层、数据链路层和开放式相互连接系统的传输功能，如流量控制和硬件封包等。

（5）OSEK 开放式标准化系统

开放式标准化系统兼容车内的电子产品接口，将实时的操作系统、软件接口、管理网络与通信功能都规范化，在戴姆勒克莱斯勒与 IBM 的协议下，该系统已成为车上的基本操作系统。

1.8 车载网络常用术语

（1）局域网

局域网（Local Area Network，简称 LAN）是在一个有限区域内连接的计算机网络，简称局域网。一般这个区域具有特定的职能，通过网络实现这个系统内的资源共享和信息通信，连接到网络上的传输速度是 105Mbit/s～1Gbit/s，需要基于微处理器的应用系统或控制装置。局域网的数据传输速度一般为 105Mbit/s～1Gbit/s，传输距离在 250m 范围内，误码率低。汽车上的总线传输系统（车载网络）是一种局域网。

（2）模块/节点

模块是一种电子装置，无论是简单的装置，如温度和压力传感器，还是复杂的装置，如计算机（微处理器），都是连接在汽车车载网络系统中的控制单元模块，也被称为节点。

（3）数据总线

数据总线是模块间运行数据的通道，即所谓的信息高速公路，如图 1-13 所示。

多个计算机之间利用总线进行通信

图 1-13　数据总线

数据总线能实现在一条数据线上传输的信号被多个模块共享，从而最大限度地提高系统整体效率，充分利用资源。如果模块可以发送和接收数据，则这样的数据总线就被称为双向数据总线。

汽车上的数据总线实际是一条导线、两条导线或光纤。当采用两条导线时，为防止电子干扰，将它们绞在一起成为双绞线。各汽车制造商一直在设计各自的数据总线：如果不兼容，就称为专用数据总线；如果是按照某种国际标准设计的，就称为非专用数据总线。

（4）多路传输

常规线路传输如图 1-14（a）所示，在同一通道或线路上只能传输一条信息。多路传输如图 1-14（b）所示，可以在同一通道或线路上同时传输多条信息。车载网络系统多采用多路传输。事实上，数据信息是依次传输的，但速度非常快，几乎就是同时传输的。如果将时间（如 1/10s）分成若干段，每一段传输一个数据信号，这就叫分时多路传输。

常规线路要比多路传输线路简单得多，然而多路传输系统 ECU 之间所用的电线比常规系统所用的导线少得多。ECU 可以触发仪表上的警告灯或故障指示灯等。由于多路传输可以通过一根线（数据总线）执行多个指令，因此可以增加许多功能装置。多路传输的界面如图 1-15 所示。

正如无线广播和移动电话的电波可被分为不同的频率，不同的数据流也可以被同时传输。随着汽车无线多路传输装置的增加，基于频率、幅值或其他方法的同时，数据传输也成为可能。汽车上用的是单线或双线分时多路传输系统。

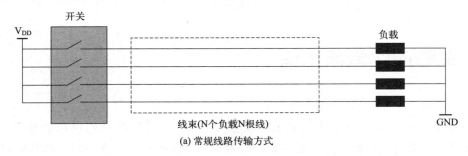

(a) 常规线路传输方式

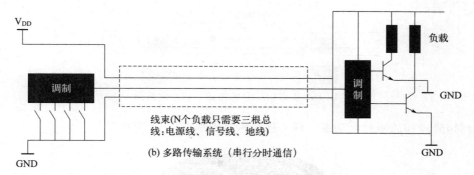

(b) 多路传输系统（串行分时通信）

图 1-14 常规线路与多路传输线路的简单对比

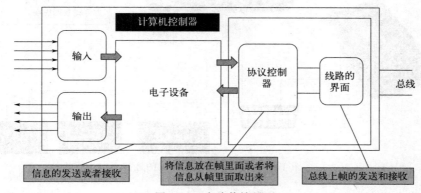

图 1-15 多路传输界面

（5）比特率

比特率是指每秒传送的比特（bit）数，单位为 bit/s。比特率越高，单位时间传送的数据量（位数）越大。计算机中的信息都用二进制数值 0 和 1 来表示，其中每一个 0 或 1 被称为一个位，即 bit（位）。大写 B 表示 byte 即字节，一个字节等于 8 个位，即 1B＝8bit。表示文件大小的单位，一般都使用千字节（KB）来表示文件的大小。

kbit/s 指的是网络速度，也就是每秒传送多少个千位的信息（k 表示千位，kbit 表示多少个千位），一般公司都使用 kbit 来表示，如果是 KB/s，则表示每秒传送多少千字节。

（6）数据帧

为了可靠地传输数据，通常将原始数据分割成一定长度的数据单元，即数据帧。一帧内应包括同步信号（如帧的开始与终止）、错误控制（各类检错码或纠错码，大多数采用检错重发的控制方式）、流量控制（协调发送方与协调方的速率）、控制信息、数据信息、寻址（在信道共享的情况下，保证每一帧都能正确地到达目的站，接收方也能知道信息来自何站）等。数据帧结构如图 1-16 所示。

（7）数据仲裁

数据仲裁是指当出现数个使用者同时申请利用总线发送信息时，用于避免发生数据冲突的机构。仲裁可保证信息按其重要程度来发送。

（8）网关

网关是汽车车载通信网络的核心，通过它可以实现各条总线上信息的共享以及实现汽车

图 1-16　通信信息的格式（帧）示意图

内部的网络管理和故障诊断功能。网关连接示意图如图 1-17 所示。

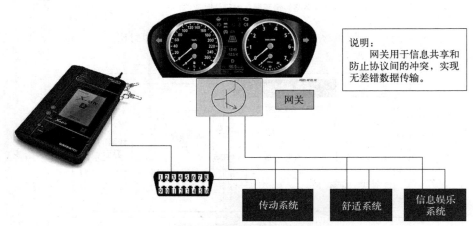

说明：
　　网关用于信息共享和防止协议间的冲突，实现无差错数据传输。

图 1-17　网关与其他计算机的连接

　　网关安装在仪表板左下方，加速踏板上方。类型大体有三类：集成在组合仪表内部、集成汽车电气控制单元内部和单独的网关。因为车上总线和网络众多，所以必须用一种方法实现信息共享和避免协议间的冲突。例如：车门打开时，发动机控制模块也许需要被唤醒。因为数据总线采用的协议和速度不同，为了实现无差错数据传输，必须要用一种特殊功能的计算机，即网关。网关实际上就是一种模块，它工作的好坏决定了不同的总线、模块和网络之间通信的好坏。网关可以单独由一个模块充当（如奥迪 A8 轿车就有一个网关模块），也可以由别的模块兼顾（如帕萨特轿车就由仪表 ECU 充当网关）。有些车可能安装两个及其以上的网关。

　　网关即数据总线诊断接口 J533 功能如图 1-18 所示，主要有两个：负责"翻译"数据协议，它可以把局域网上的数据转变成可以识别的 OBD-Ⅱ诊断数据语言，使总线系统之间可以进行数据传输；负责确定总线系统之间交换的数据内容，即"过滤功能"，可以实现低速网络和高速网络的信息共享。

　　网关的特殊任务有：监控舒适信息娱乐 CAN 线的休眠和唤醒，休眠功能和唤醒功能启用时使总线系统同步；对比规定安装的控制单元与实际安装的控制单元（编码）；通过诊断总线连接诊断仪和车辆各总线控制单元，诊断主控制单元是否有故障，监控故障计数器、日期和时间的环境数据；集中监控具有诊断功能的控制单元之间的通信，实现车辆数据的同步性，汇集各种维护信息。

　　不同区域 CAN 总线的速率和识别代号不同，因此一个信号要从一个总线进入另一个总线区域，必须调整它的识别信号和速率，让另一个系统接受。这个任务由网关（Gateway）来完成。另外，网关还具有改变信息优先级的功能。例如：车辆发生碰撞事故时，气囊控制

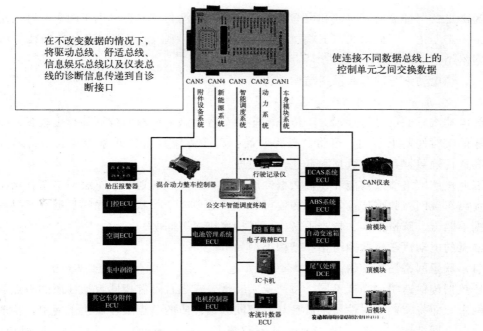

图 1-18　网关的功能

单元会发出负加速度传感器的信号。这个信号的优先级在驱动系统非常高，但转到舒适系统后，网关调低了它的优先级，因为它在舒适系统的功能只是打开车门和车灯。

不同的车型，网关安装位置也有所不同，可能安装在组合仪表内、车上供电控制单元内或在自车的网关控制单元内。因为通过 CAN 总线的所有信息都供网关使用，所以网关也用作诊断接口。

电压、电平和电阻配置不同，所以在驱动 CAN 总线和舒适/信息娱乐 CAN 总线之间无法进行耦合。另外，这两种数据总线的传输速率是不同的，这就决定了它们无法使用不同的信号——这就需要在这两个系统之间能完成一个转换。这个转换过程是通过网关来实现的。

（9）网络

为了实现信息共享而把多条数据总线连在一起，或者把数据总线和模块当作一个系统，就形成了网络。从物理意义上讲，汽车上许多模块和数据总线的距离很近，因此被称为 LAN（局域网）。

拓展知识

　　目前，新能源汽车主要包括纯电动汽车、混合动力汽车、燃料电池汽车三种类型，其结构与内燃机汽车相比发生了较大变化。纯电动汽车和燃料电池汽车，虽然少了发动机装置，但却增加了电力驱动装置和动力电池装置，致使其不仅控制信号数量增多，控制实时性要求还更高。

　　混合动力汽车与内燃机汽车相比，不仅增加了电力驱动和动力电池装置，还增加了动力复合装置，其信号数量更大、控制更为复杂。因此，对于新能源汽车而言，不仅车载网络的节点数量及信号数量远高于内燃机汽车，对数据传输的实时性要求和可靠性要求还更高。

为满足数据传输的实时性和可靠性要求,新能源汽车较内燃机汽车的车载网络结构也发生了一定变化。下面以北汽 EV200、比亚迪唐、比亚迪 e6 为例,来分析新能源汽车的车载网络结构。

一、纯电动汽车的车载网络结构剖析

1. 纯电动汽车车载网络拓扑结构特征

纯电动汽车的信号量远远大于传统汽车,车载网络上传输的数据种类也较多。按照数据传输的实时性要求不同,可将其分为两类:高速传输数据和低速传输数据;或分为三类:高速传输数据、中速数据和低速传输数据。

因此按照网络节点功能和传输数据性质不同,合理地规划整车车载网络拓扑结构,有利于提高车载网络数据传输效率和传输可靠性,避免电子控制单元之间数据交互过程中出现数据不匹配、解析错误、指令不对应、波特率错误等问题。

常见的电动汽车车载网络拓扑结构类型如下。

（1）双子网络拓扑结构

按数据传输速率的高低不同,将交换实时性要求强且具有相同数据性质的节点放在高速子网中,而将交换实时性要求低且具有相同数据性质的节点放在低速子网中,构成采用高低速双子网结构,如图 1-19 所示,它不仅满足了电动汽车的设计要求,同时成本低、易实现。然后,根据各子网控制系统的要求确定每个子网的车载网络通信速率,根据通信速率选用合适的总线控制器,两个子网之间通过网关连接实现信息共享。

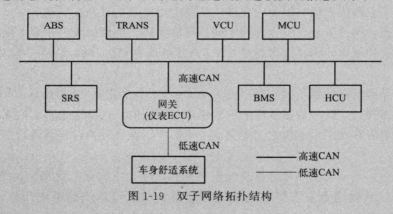

图 1-19 双子网络拓扑结构

高速传输子网络:数据传输速率要求高,对信号的实时性要求较强的子网络,包括 ABS 防抱死制动系统、SRS 安全气囊系统、VCU 整车控制器、BMS 电池管理系统、MCU 电机控制单元、HCU 混合动力整车控制器等网络节点。从接收到处理完成的时间间隔需要尽可能地小,不能超过信号的发送周期,如果不能及时处理信号的情况发生,则很可能造成数据堵塞,甚至可能会影响动力系统的控制性能。

低速传输子网络:对所传输数据的速率要求不高,发送的信号多为突发性信号,这些信号多为对按键数据和开关量的控制,特点是信号发送频率不固定且对数据到达的先后顺序和实时性没有特别的要求。主要由车身舒适系统、音响系统、空调系统、倒车影像系统、无钥匙启动系统等构成,通常由 DCU 车载显示单元、HVAC 智能空调模块、AC 空调、STS 音响、RBCM 后车身控制、EDS 电动背门系统、KSS 无钥匙系统、ESL 电子转向锁、BSD 电子雷达盲区监测、RI 倒车影像、ADAS 全景影像环视系统、ADAS 高级辅助驾驶系统、BCM 车身电子控制器等网络节点构成。

（2）多子网络拓扑结构

随着汽车功能完善与智能化发展，电动汽车车拥有越来越多的车载网络设备（网络节点）和越来越多的传输信号，为确保网络的传输效率及传输可靠性，需要更加合理地规划车载网络结构，来适应电动汽车的发展需要。因此，多子网络结构车载网络应运而生。

多子网络结构是根据网络节点性质及信号特征来划分的。通常，子网络的划分先按照信号实时性要求，将传输数据划分为高速数据 500kbps、中速数据 250kbps 和低速数据 125kbps 三组，并确定各组的传输速率；再依据各节点功能机及所传输信息的相关性，将高速信号、中速信号、低速信号进一步分组，子网络数量与总线上所传输信号的数量、传输频率及优先级有关。合理划分车载网络，可确保数据传输的正确性、实时性及可靠性。

纯电动汽车整车车载网络如图 1-20 所示，划分为 5 个子网络：CAN1 安全系统高速 CAN 网络；CAN2 电驱动系统高速 CAN 网络；CAN3 车身电子系统低速 CAN 网络；LIN 车门控制网络；HMI 车联网；车载互联网通信网络。VCU 整车控制器作为 CAN1、CAN2 的网关控制器；BCM 车身电子控制器作为 CAN2、LIN、HMI 车联网的网关控制器；OBD 故障诊断作为 CAN1、CAN2 和 CAN3 的对外数据端口。

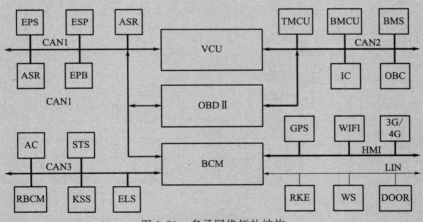

图 1-20　多子网络拓扑结构

① 北汽 EV200 车载网络结构分析

北汽 EV200 纯电动汽车车载网络的拓扑结构，如图 1-21 所示，由 EVBUS、VBUS、FCBUS、LIN、K-LINE 共 5 个子网络构成，其中 EVBUS 为动力控制系统 CAN 网络，VBUS 为底盘控制系统 CAN 网络，FCBUS 为充电系统 CAN 网络，LIN 为车身电控系统 LIN 网络，K-Line 为诊断 K 线网络。

EVBUS 为动力控制系统网络，属于高速 CAN 网络，比特率为 500kbps，是构成车网络的基本子网络；FCBUS 属于 EVBUS 网络的充电系统子网络，属于中速 CAN 网络，比特率为 250kbps；BMS 电池管理系统模块具有管理 EVBUS 与 FCBUS 通信的网关功能；VBUS 为底盘控制系统 CAN 网络，属于高速 CAN 网络，比特率为 500kbps，是构成整车网络的基本子网络；LIN 是 VBUS 网络的车身电控系统子网络，属于低特率为 19.2kbps；K-Line 是 SRS 安全气囊系统诊断子网络，比特率为 10.4kbps。

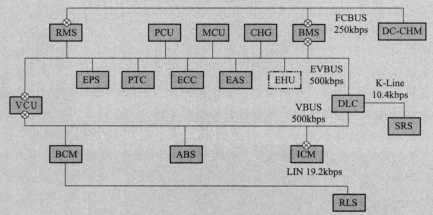

图 1-21　北汽 EV200 车载网络拓扑结构

②　比亚迪 e6 车载网络结构分析

比亚迪 e6 纯电动汽车的车载网络结构，如图 1-22 所示，由动力系统 CAN 网络、充电子 CAN 网络、舒适系统 CAN 网络、车载终端 CAN 网络、ESC 电子稳定控制系统 CAN 网络、启动 CAN 网络共 6 个子网构成。需要注意的是，为简化开发工作，降低开发成本，整车网络的子网络均为 CAN 网络，无 LIN 网络。

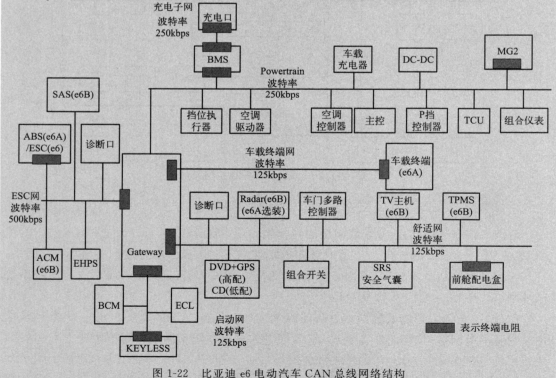

图 1-22　比亚迪 e6 电动汽车 CAN 总线网络结构

二、混合动力汽车车载网络系统剖析

1. 混合动力汽车车载网络拓扑结构特征

混合动力汽车的网络节点数量及信号数量远高于电动汽车,为提高整车网络的通信效率和可靠性,同时提高其扩展性,在网络拓扑结构的规划上,依然采用上面介绍过的双子网络的拓扑结构或多子网拓扑结构。多子网络结构适合于连接功能相对独立的子网,同一子网的节点通过总线的方式连接,不同的子网在物理上是完全隔离的,信息之间的交流通过网关来实现。

2. 比亚迪唐车载网络结构分析

比亚迪唐是一款全新双模混动插电式 SUV 轿车,搭载了三擎双模动力系统,由一台 2.0TI 涡轮增压发动机和前后两个电机组成,可实现前轮与后轮独立动力输出。比亚迪唐车载网络由 5 个子网络构成,如图 1-23 所示。

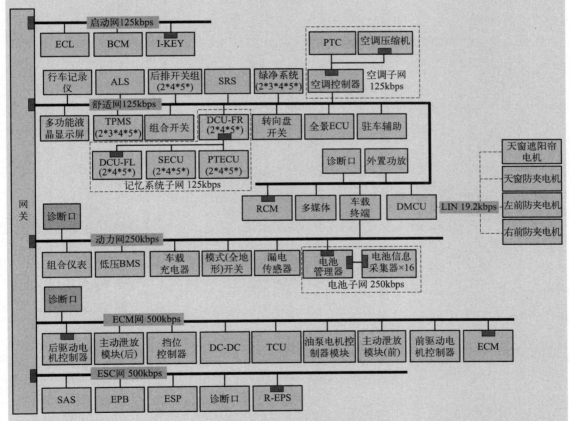

图 1-23　比亚迪唐车载网络结构

三、总结

上述分析可知,为简化车载网络的开发成本,同时提高车载网络的工作性能,当前的新能源汽车的车载网络的典型特点为:以 CAN 总线网络为主,有的车型甚至没有 LIN 总线及其他网络;根据数据传输性质和网络节点性质不同,由多个子网而构成整车车载网络。但随着汽车向智能化方向发展,大量音频信息、视频信息、辅助驾驶信息、车联网信息需要实时传递,车载网络必将得到进一步发展,目前正向车载以太网方向发展。

　　随着汽车技术的快速发展，车用电控单元的数量越来越多，线路更加复杂，线路故障率增加，电器与电控装置的工作可靠性降低，故障查找困难，维修不便，电控单元的大量使用，数据信息需要共享、实时交换，为此以 CAN、LAN 等为主的车载网络技术应运而生。车载网络技术目前得到了广泛的应用，如动力与传动系统、车身系统、安全系统和信息系统等，但尚未满足成本低、性能可靠、具有容错能力、时间特性佳和可扩展性好等要求。车载网络不同的应用层次或目的对网络性能要求差异很大，汽车需要采用多个不同层次的网络标准，车载网络将是一个多层互联网结构。

CAN总线传输系统

2.1 CAN 总线概述

随着汽车技术的不断发展，人们对汽车各方面的性能要求越来越高。人们在追求车辆动力性和操控性能的同时，对舒适性和安全性能也提出了更高的要求。自 20 世纪 90 年代以来，随着集成电路在汽车上的广泛应用，汽车上的电子控制系统越来越多，例如电子燃油喷射装置、防抱死制动装置（ABS）、安全气囊装置、电动门窗装置、主动悬架等。各种电子控制系统的导入和应用，使汽车的各项功能更加完善，控制更加精确和灵活，智能化程度也不断提升。然而，功能的日益增加和完善，使车载电子控制模块的数量以惊人的速度增加，与此同时，各电子控制模块之间的数据交换也随之增加。

传统的数据交换形式是通过模块间专设的导线完成点对点的通信，数据量的增加必然导致车身线束的增加。庞大的车身线束不仅增加了制造成本，而且还占用空间，提高了整车重量。线束的增加还会使因线束老化而引起电气故障的可能性大大提高，降低了系统的可靠性。

解决这个问题的关键就是利用计算机网络技术，将车载控制模块通过车载网络连接起来，实现数据信息的高效传输。车载网络形式多种多样，目前应用最为广泛的是控制器局域网络（Controller Area Network），即所谓的 CAN BUS 系统。

2.1.1 CAN 数据总线

2.1.1.1 传输

根据发送装置向接收装置传输信息时对各字节的传输方式不同，数据传输方式分为并行传输和串行传输两种方式。

（1）并行传输

如图 2-1 所示，进行并行数据传输时，发送装置向接收装置同时（并行）传输 7～8 位数据。以并行形式传输数据时，两个设备之间的电缆必须包括 7 或 8 根平行排列的导线（加接地导线）。

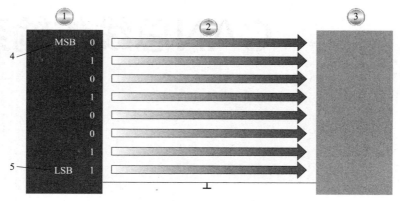

图 2-1　并行传输

1—发送装置；2—数据；3—接收装置；4—MSB：最高值数位；5—LSB：最低值数位

（2）串行传输

如图 2-2 所示，串行传输主要用于在数据处理设备之间进行数据通信。在一根导线上以位为单位依次（连续形式）传输所需数据。

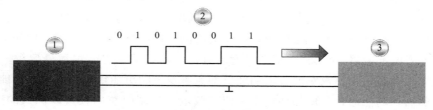

图 2-2　串行传输

1—发送装置；2—数据；3—接收装置

（3）同步数据传输

如图 2-3 所示，使用一个共同的时钟脉冲发生器可保持发送装置和接收装置时间管理的同步性，这种方式就是同步传输方式。

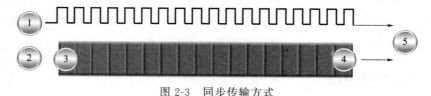

图 2-3　同步传输方式

1—同步脉冲；2—数据；3—停止；4—起始；5—接收装置

（4）异步数据

如图 2-4 所示，传输发送和接收装置之间最常用的时间管理方式是异步传输方式。进行异步数据传输时，发送和接收装置之间没有共同的系统节拍。系统通过起始位和停止位识别数据组的开始和结束。

图 2-4 异步数据传输时数据帧的结构

1—接收装置；2—起始位；3—最低值数位；4—5～8 位数据位；5—最高值数位；6—检查位；7,8—停止位；9—发送装置

(5) 数据总线上的信息流方向

如图 2-5 所示，单工通信是指在数据总线上，信息流（数据流）只能由一个控制单元传向另一个控制单元，不能反向传输，则称为单工通信。

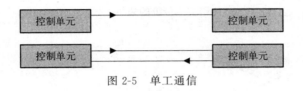

图 2-5 单工通信

如图 2-6 所示，双工通信是指在数据总线上，信息流（数据流）可以由一个控制单元传向另一个控制单元，而且可以进行反向传输，则称为双工通信。

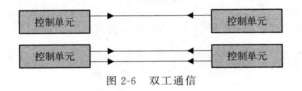

图 2-6 双工通信

2.1.1.2 汽车上的 CAN 总线

控制器局域网 CAN 的应用范围遍及从高速网络到低成本的多线路网络。在自动化控制领域、发动机控制部件、传感器、防滑系统等应用中，CAN 的位速率可高达 1Mbit/s。同时，它也可以廉价地运用于汽车电气系统中，如灯光、电动车窗等，可以替代所需要的硬件连接。

按照 ISO 有关部门规定，CAN 拓扑结构为线性总线式，所以也称 CAN 总线。最初推出的 CAN 总线为 1.0 版，1990 年推出 1.2 修订版，1991 年又推出了 CAN 总线 2.0 版。目前 CAN 总线不但已经成为汽车总线的主要规范，而且已由 ISO TC22 技术委员会批准为国际标准。1993 年，国际 CAN 用户及制造商组织（简称 CIA）在欧洲成立，主要作用是解决 CAN 总线实际应用中的问题，提供 CAN 产品及其开发工具，推广 CAN 总线的应用。

2.1.1.3 CAN 总线的优点

图 2-7 表示传统布线及信息传递方式。发动机控制单元与自动变速器控制单元以独立的数据专线传递各种信息，如发动机转速、节气门位置、变速器干预、升降挡信息等。

而图 2-8 则采用 CAN BUS 数据总线进行信息传递，所有信息都通过两根数据线进行传递。各控制单元之间的所有信息都通过两根数据线进行交换，相同的数据只需在数据系统中传递一次。通过该种数据传递形式，所有的信息可以不受控制单元的多少和信息容量的大小限制，都能够通过这两条数据线进行传递。如图 2-9 所示，类似于公共汽车可以运输大量乘客，CAN 数据总线可以高效实现大量数据信息的传输。

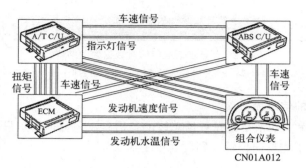

图 2-7 传统的通信方式

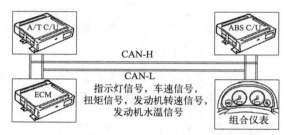

图 2-8 CAN 通信方式

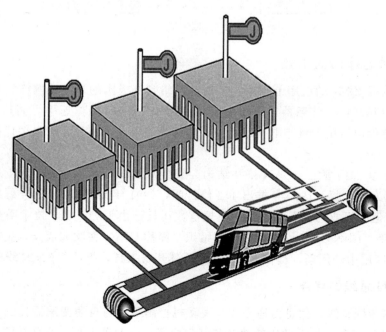

图 2-9 CAN BUS 总线系统示意图

因此，与传统数据传输方式相比，CAN 数据总线具有如下优点：

（1）数据传输速度快

数据传输能以较快的速度进行，最快速度达到1Mbit/s。

（2）系统可靠性高

系统能准确识别数据传输故障（不论是由内部还是外部引起的）；具有较强的抗干扰和应急运行能力，如能以单线模式工作（出于安全因素，正常情况下双线同时工作）。

（3）减少线束，降低成本

通过减少车身线束，降低了制造成本，同时又节省了空间，降低了整车重量。

（4）系统配置更加灵活便利

若需对系统进行功能增减或配置更改时，只需进行较少的改动，如对相应控制模块进行软件升级等。

（5）高效率诊断

网络实现对网络中各系统的高效诊断，大大减少了诊断扫描所需的诊断线束。

2.1.1.4 CAN 总线传输原理

（1）CAN BUS 系统的网络原理

① 总线形式　目前汽车界最广泛采用的是 CAN 总线和 LIN（Local Interconnect Network，局部连接网）总线两种总线形式。CAN 总线是一种多主方式的串行通信总线，而 LIN 总线是一种辅助的串行通信总线网络，为汽车网络（如 CAN 总线）提供辅助功能。在一些相对简单的汽车中，LIN 总线的使用可大大节省成本。与 CAN 总线不同，LIN 总线采用单主控制器/多从设备的模式。

② 网络连接形式　如图 2-10 所示，网络连接的形式一般有五种，分别为网状连接、星形连接、环形连接、总线连接以及串行连接，而总线网络连接形式在汽车上应用较为广泛。

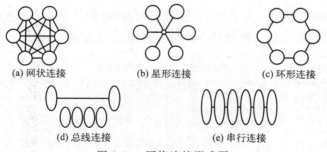

图 2-10　网络连接形式图

车载网络系统采用了 CAN 总线形式和总线型网络连接形式，从而构成了 CAN BUS 网络通信系统。CAN BUS 系统中包含多个控制单元，这些控制单元通过内部收发器（发射-接收放大器）并联在总线导线上，因此各控制单元的地位均相同，没有任何控制单元享有特权，在这个意义上称之为多主机结构。

（2）CAN BUS 系统的信息交换

各个控制单元之间进行交换的数据称为信息，每个控制单元均可发送和接收信息。信息交换是按照顺序来连续完成的。

① 信息的表示方法　信息包含在控制单元之间传递的各种物理量中，如发动机转速，

并以二进制数（一系列 0 和 1）来表示。如图 2-11 所示，CAN BUS 传递的每个信息都是通过二进制编码来表示的。信息越简单，信息结构越短；信息越复杂，信息结构越长。信息结构越长，表达的信息量越大，信息结构长度每增加一位（1bit），其表达的信息量便可增加 1 倍，信息结构最大长度 108bit。例如表示压缩机的状态，只有接通和断开两种状态，可以用信息结构为 1 位（1bit）的方式表达。当描述中控锁状态时，中控锁状态可分为开锁、锁车、安全锁和非安全锁共四种状态，用信息结构为 1 位（1bit）的方式就不能全部表达，必须用信息结构为 2 位（2bit）的方式表达。而表示发动机温度值 0～127.5℃，则必须用信息结构为 8 位（8bit）的方式表达。

1 bit信息 例如：压缩机状态	
信号值	信号内容
0	压缩机断开
1	压缩机接通

2 bit信息 例如：中控锁开关信息状态	
信号值	信号内容
00	开锁
01	安全锁
10	锁车
11	非安全锁

使用8 bit信息表示温度信号：

2^7	2^6	2^5	2^4	2^3	2^2	2^1	2^0	value 十进制	value 温度值
128	64	32	16	8	4	2	1		
0	0	0	0	0	0	0	0	0	0℃
0	0	0	0	0	0	0	1	1	0.5℃
0	0	0	0	0	0	1	0	2	1℃
					...			...	...
1	0	0	0	1	0	1	0	138	69℃
					...			...	
1	1	1	1	1	1	1	1	255	127.5℃

图 2-11　信息的二进制表示法

② 信息交换的基本原理　为了易于说明信息交换过程，下面以发动机转速信息为例并以一条 CAN 导线来讲述信息交换的基本原理，如图 2-12 所示。

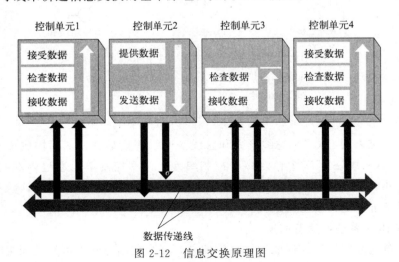

图 2-12　信息交换原理图

　　CAN 系统中的所有控制单元都能收到信息，并且每个都扮演识别器中的接收检验员，判断所收到的信息是否与相应的控制模块有关，如果有关，则采用，否则将被忽略。

每个控制单元都能传递和接收数据，但只是有选择性地读取需要的数据信息。

每个控制单元均可接收发送出的信息。如图 2-13 所示，通常把上述信息交换的原理称为广播，像一个广播电台发送某一节目一样，每个连接的用户均可接收。这种广播形式使系统中所有控制单元都处于相同的信息状态。

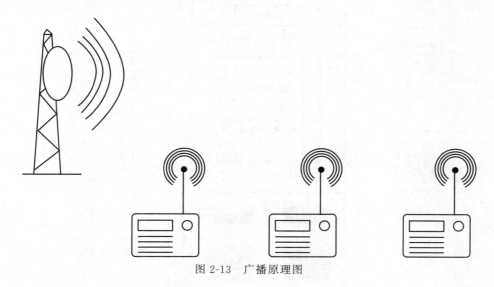

图 2-13　广播原理图

2.1.2　CAN 数据总线的组成

如图 2-14 所示，CAN BUS 数据总线系统主要由控制器、收发器、终端电阻和传输线等组成。除数据传输线外，其他元件都置于控制单元内部。

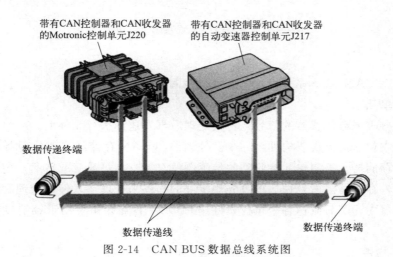

图 2-14　CAN BUS 数据总线系统图

2.1.2.1　CAN 控制器

如图 2-15 所示，控制器的作用是接收控制单元中微处理器发出的数据、处理数据并传给 CAN 收发器。同时 CAN 控制器也接收收发器收到的数据、处理数据并传给微处理器。

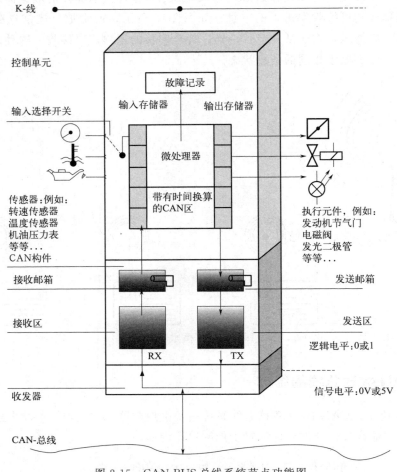

图 2-15　CAN BUS 总线系统节点功能图

（1）K-线

K-线用于在 CAN BUS 系统自诊断时连接检测仪。

（2）控制单元

控制单元接收来自传感器的信号，将其处理后再发送到执行元件上。

控制单元中包含两个重要构件：一个微处理器和 CAN 存储区。微处理器带有输入输出存储器和程序存储器。控制单元接收到的传感器值（如发动机温度或转速）会被定期查询并按顺序存入输入存储器。微处理器按事先规定好的程序来处理输入值，处理后的结果存入相应的输出存储器内，然后到达各个执行元件。而 CAN 存储区主要用于容纳接收到的和要发送的信息。

（3）CAN 构件

CAN 构件用于数据交换，分为两个区：一个是接收区，一个是发送区。通过接收邮箱或发送邮箱与控制单元相连，该构件一般集成在控制单元的微处理器芯片内。

2.1.2.2　CAN 收发器

收发器是由一个发射器和一个接收器组合而成，其作用是将从控制器接收的数据转换成能够通过 CAN BUS 传递的电信号，并能双向传递。

如图 2-16 所示，收发器是一个发送-接收放大器，它把 CAN 构件连续的比特流（逻辑电平）转换成电压值（线路传输电平），或者通过收发器把电压值转换成比特流。这个电压值适合铜导线上的信息传输。收发器通过 TX-线（发送导线）或 RX-线（接收导线）与 CAN 构件相连。RX-线通过一个放大器直接与 CAN 总线相连，总在监听总线信号。

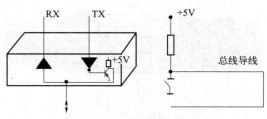

图 2-16　收发器内部示意图

如图 2-17 所示，收发器的一个特点就是 TX 线与总线的耦合，这个耦合过程是通过一个断路式集流器电路来实现的。所以，总线导线上就会出现两种状态：状态 1，晶体管截止状态（开关未接合），总线电平等于 1，无源；状态 0，晶体管导通状态（开关已接合），总线电平等于 0，有源。由此，将无源的总线电平称为隐性电平，有源的总线电平称为显性电平。

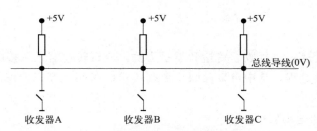

图 2-17　三个收发器耦合在一根总线导线上

如果某一开关接合，电阻上就有电流流过，于是总线导线上的电压就为 0V。如果所有开关均未接合，那么就没有电流流过，电阻上就没有压降，于是总线导线上的电压就为 5V。

因此，若总线处于状态 1（无源），那么此状态可以由某一个控制单元使用状态 0（有源）来改写。

2.1.2.3　数据传输终端

终端电阻是一个电阻器，每个电阻为 120Ω，其作用是防止信号在传输过程中因回波反射造成对信号的叠加，从而使信号产生失真，影响数据的正常传输。

2.1.2.4　数据传输线

传输线又被称为通信介质或媒体，常用通信传输介质有电话线、同轴电缆、双绞线、光导纤维电缆、无线与卫星通信信道等。如图 2-18 所示，传输线通常是被 CAN 数据总线用以传输数据的双向数据线，分为 CAN 高位（CAN-high）和低位（CAN-low）数据线。CAN 总线数据没有指定的接收器，数据通过数据总线同时发送给各控制单元，各控制单元接收后进行对数据的分析、判断和计算。为了防止外界电磁波干扰和向外辐射，CAN 总线采用两条线缠绕在一起的双绞线，两条线上的电位是相反的，如果一条线的电压是 5V，另一条线就是 0V，两条线的电压之和等于常值。因此，CAN 总线得到保护而免受外界电磁场干扰，同时 CAN 总线向外辐射也保持中性，即无辐射。

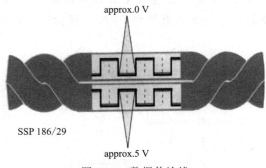

approx.0 V

SSP 186/29

approx.5 V

图 2-18　数据传输线

　　汽车上通常采用多种总线将控制单元连接成网络，而不同总线之间无法直接相互传递数据，而是通过网关将不同总线互联。网关是汽车内部网络通信的核心，通过它可以实现各种总线上模块之间信息的共享以及汽车内部的网络管理和故障诊断功能。

2.1.3　数据传输过程

2.1.3.1　概述

　　下面以发动机转速信息接收、传递和显示为例，分析转速信息从接收到在转速表上显示的一个完整信息交换过程，从中可以反映出数据传递的时间顺序以及 CAN 构件与控制单元之间的配合关系。

（1）CAN 信息的结构原理

　　如图 2-19 所示，CAN BUS 所传递的每个完整信息分别由开始域、状态域、控制域、数据域、安全域、检验域和结束域所构成。

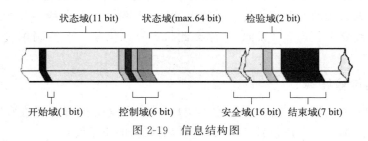

状态域(11 bit)　　状态域(max.64 bit)　　检验域(2 bit)

开始域(1 bit)　　控制域(6 bit)　　安全域(16 bit)　结束域(7 bit)

图 2-19　信息结构图

　　① 开始域　它标志数据的开始。带有大约 5V 电压（由系统决定）的 1 位，被送入高位 CAN 线；带有大约 0V 电压的 1 位被送入低位 CAN 线。此外，还用于确定与其他节点硬件的同步。

　　② 状态域　该区包括 11 位，用于标识数据的内容，判定数据中的优先权，低值标识符代表数据的较高级优先顺序。如果两个控制单元都要同时发送各自的数据，那么，具有较高优先权的控制单元优先发送。例如包括发动机冷却液温度信息的数据和车辆打滑信息的数据

相比，后者通常具有更低值的标识符，具有优先发送的权利。

③ 控制域　该区共包括六位。前两位为显性，以备后续使用。后四位包括随后的数据域中字节的数量，其值为 0~8，在本部分允许任何接收器检查是否已经接收到所传递过来的所有信息。

④ 数据域　它表示传递的信息所对应的数据，最多可达 64 位（8 字节）。在数据域中，信息被传递到其他控制单元。

⑤ 安全域　它包括一个用于错误检测的 15 位数列和一个定界符位。发送数据和接收信息的控制单元用于检查和比较传递信息所发生的变化（检测传递数据中的错误）。

⑥ 检验域　它包括隐性传输的空格位及通常为隐性的定界符位。在此，接收器信号通知发送器，接收器已经正确收到数据。若检查到错误，接收器立即通知发送器，发送器然后再发送一次数据。

⑦ 结束域　该区表示数据完成，它通常包括 7 位隐性位，表示该信息数据传递结束，这里是显示错误并重新发送数据的最后一次机会。

（2）CAN 总线的标准、协议

① 网络协议　网络由使用的电子语言来识别。控制模块必须使用和解读相同的电子语言，这种电子语言称为协议。

a. J1850 标准企业协议　J1850 是美国汽车的车内联网标准，包含了两个不兼容的规程。通用汽车公司（GM）和克莱斯勒汽车公司（Chrysler）采用 10.4kbit/s 可变规程的类似版本，在单根线的总线上进行通信；福特汽车公司（FORD）采用 46.1kbit/s 的 PWM（pulse width modulation，脉冲宽度调制），在双线的差分总线上进行通信。

b. J1939 协议　J1939 是一种以 CAN2.0 为网络核心、支持闭环控制的、在多个 ECU 之间高速通信的网络协议。

② 网络标准　目前存在多种汽车网络标准，其侧重的功能有所不同。为方便研究和设计应用，SAE 车辆网络委员会将汽车数据传输网划分为 A、B、C 三类。A 类是面向传感器/执行器控制的低速网络，数据传输位速率通常小于 10kbit/s，主要用于电动后视镜、电动窗、灯光照明等控制；B 类是面向独立模块间数据共享的中速网络，位速率在 13~125kbit/s，主要应用于车身电子舒适性模块、仪表显示等系统；C 类是面向高速、实时闭环控制的多路传输网，位速率在 125kbit/s~1Mbit/s 之间，主要用于牵引力控制、发动机控制、ABS 等系统。

a. A 类总线标准、协议　A 类的网络通信大部分采用 UART（universal asynchronous receiver/transmitter，通用异步接收/发送装置）标准。UART 使用起来既简单又经济，但随着技术的发展，预计在今后几年中将会逐步在汽车通信系统中被停止使用。

目前，A 类首选的标准是 LIN。LIN 是用于汽车分布式电控系统的一种新型低成本串行通信系统。它是一种基于 UART 的数据格式、主从结构的单线 12V 总线通信系统，主要用于智能传感器和执行器的串行通信，而这正是 CAN 总线的带宽和功能所不要求的部分。由于目前尚未建立低端多路通信的汽车标准，因此 LIN 正试图发展成为低成本串行通信的行业标准。

b. B 类总线标准、协议　B 类的网络通信采用的是 ISO11898 标准，传输速率在 100kbit/s 左右的 CAN 总线。

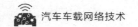

CAN 总线通信接口中集成了 CAN 协议的物理层和数据链路层功能，可完成对通信数据的成帧处理，包括位填充、数据块编码、循环冗余检验、优先级判别等项工作。

CAN 协议的最大特点是废除传统的站地址编码，实行对通信数据块进行编码，最多可标识 2048（2.0A）个或 5 亿（2.0B）多个数据块。采用这种方法可使网络内的节点个数在理论上不受限制。数据段长度最多为 8 个字节，不会占用总线时间过长，从而保证了通信的实时性。CAN 协议采用 CRC 检验并可提供相应的错误处理功能，保证了数据通信的可靠性。以往广泛适用于美国车型的 J1850 正逐步被基于 CAN 总线的标准和协议所取代。

c. 高速总线系统标准、协议　由于高速总线系统主要用于与汽车安全相关的应用，以及实时性要求比较高的地方（如动力系统），所以其传输速率比较高。根据传统的 SAE 的分类，该部分属于 C 类总线标准，通常为 125kbit/s～1Mbit/s，必须支持实时的周期性的参数传输。

目前，随着汽车网络技术的发展，未来将会使用到具有高速实时传输特性的一些总线标准和协议，包括采用时间触发通信的 X by Wire 系统总线标准和用于安全气囊控制、通信的总线标准、协议。

d. C 类总线标准、协议　在 C 类标准中，欧洲的汽车制造商基本上采用的都是高速通信 CAN 总线标准 ISO11898。而 J1939 供货车及其拖车、大客车、建筑设备以及农业设备使用，是用来支持分布在车辆各个不同位置的电控单元之间实现实时闭环控制功能的高速通信标准，其数据传输速率为 250kbit/s。在美国，GM 公司已开始在所有的车型上使用其专属的 GMLAN 总线标准，它是一种基于 CAN 的传输速率为 500kbit/s 的通信标准。

e. 安全总线标准　安全总线主要是用于安全气囊系统，以连接加速度计、安全传感器等装置，为被动安全提供保障。目前已有一些公司研究出了相关的总线和协议，包括 Delphi 公司的 Safety Bus 和 BMW 公司的 Byteflight 等。

f. X by Wire 总线标准、协议　X by Wire 最初是用在飞机控制系统中，被称为电传控制，现在已经在飞机控制中得到广泛应用。由于目前对汽车容错能力和通信系统的高可靠性需求日益增长，X by Wire 开始应用于汽车电子控制领域。在未来的 5～10 年里，X by Wire 技术将使传统的汽车机械系统（如刹车和驾驶系统）变成通过高速容错通信总线与高性能 CPU 相连的电气系统。目前，这一类总线标准主要有 TTP、Byteflight 和 Flex Ray。

2.1.3.2　CAN 总线传输

（1）发送过程

如图 2-20 处理器的输入存储器内。由于瞬时转速值还用于其他控制单元（如组合仪表），所以该值应通过 CAN 总线来传递，于是转速值就被复制到发动机控制单元的发送存储器内。该信息按协议被转换成 CAN 的特殊格式，从发送存储器进入 CAN 构件的发送邮箱内。如果发送邮箱内有一个实时值，那么该值会由发送特征位（举起的小旗）显示出来，将发送任务委托给 CAN 构件，发动机控制单元就完成了此过程中的任务。

如图 2-21 所示，CAN 构件通过 RX-线来检查总线是否有源（是否正在交换别的信息），必要时会等待，直至总线空闲下来为止。如果总线空闲下来（某一时间段内的电平 1，无源），发动机信息就会被发送出去。

（2）接收过程

接收过程分为两步：第一步，检查信息是否正确（在监控层）；第二步，检查信息是否

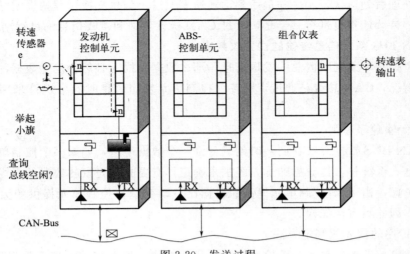

图 2-20   发送过程

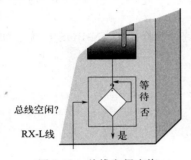

图 2-21   总线空闲查询

可用（在接受层）。

发送器在发送每个信息时，所有数据位会产生并传递一个 16 位的校验和数；所有连接的装置都接收发动机控制单元发送的信息（广播），并通过监控层内的 CRC（cycling redundancy check，循环冗余码校验）校验和数来确定是否有传递错误，同时接收器按同样的规则从所有已经接收到的数据位中计算出校验和数。随后接收到的校验和数与计算出的校验和数进行比较，检查这些信息是否正确，如图 2-22 所示。

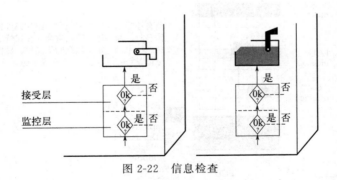

图 2-22   信息检查

如果确定信息无传递错误，则连接在 CAN 总线上的所有装置均反馈给发射器一个确认回答，即"信息收到符号"（Acknowledge，简写为 Ack），它位于校验和数后。

已接收到的正确信息将会到达相关 CAN 构件的接收区。在接收区来决定该信息是否用于完成各控制单元的功能。如果不是，该信息就被拒收；如果是，该信息就会进入相应的接收邮箱。

连接的组合仪表则根据升起的"接收旗"判断出现在有一个信息（如转速）在排队等待处理的情况。组合仪表调出该信息并将相应的值复制到输入存储器内。在组合仪表内，转速

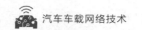

经微处理器处理后到达执行元件并最后到达转速表。这个信息交换过程按设定好的循环时间（例如 10ms）持续地重复进行。于是，通过 CAN 构件发送和接收信息的过程结束。

（3）CAN BUS 系统信息传输的优先权判定

如果多个控制单元同时向总线发送信息，那么数据总线上必然会发生数据冲突。为了避免发生这种情况，CAN 总线是通过识别各个控制单元发送信息时的标识符来判定信息传输顺序的。

① 信息传输顺序原则

由于 CAN BUS 数据总线在同一时刻只允许一个数据传递，如果多个控制单元要同时发送各自的数据，系统将根据数据的优先级别来确定具有更高优先权的数据进行优先发送。例如基于安全考虑，由 ABS 控制单元提供的数据比自动变速器控制单元提供的数据（驾驶舒适）更重要，因此具有优先权。

② 数据传递的优先权判定方法

发送隐性电位的控制单元，若检测到一个显性电位，那么该控制单元将发送转为接收。如果一个控制单元向外发送高电位（用"0"表示），而同时另一个控制单元向外发送低电位（用"1"表示），则数据传输线将体现高电位（用"0"表示）。

下面以发动机、ABS、变速器控制单元同时发送数据为例，来介绍 CAN-BUS 系统是如何处理信息传输冲突。

如图 2-23 所示：

发动机控制单元将要发送"0010　1000　000"数据；

变速器控制单元将要发送"0100　0100　000"数据；

ABS 控制单元将要发送"0001　1010　000"数据。

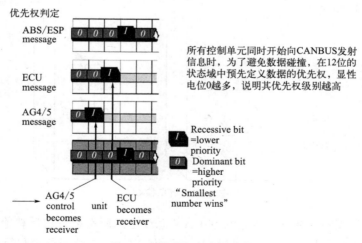

图 2-23　优先权判定示意图

第一位：三者都向外发送"0"，数据传输线上也体现为"0"；

第二位：自动变速器控制单元准备向外发送"1"，但另外两个控制单元向外发送"0"，则数据传输线为"0"。自动变速器控制单元发送了一个低电位（用"1"表示），而检测到一个高电位（用"0"表示），那么自动变速器控制单元将失去优先权而转为接收状态。

第三位：发动机控制单元准备向外发送"1"，但 ABS 向外发送"0"，则数据传输线为

"0"。发动机控制单元发送了一个低电位（用"1"表示），而检测到一个高电位（用"0"表示），则发动机控制单元将失去优先权而转为接收状态。

ABS 控制单元拥有最高优先权，从而接管了数据总线的控制权，该优先权保证其持续发送数据直至发送结束。ABS 控制单元结束发送数据后，其他控制单元根据其优先权的高低，再依次发送各自的数据。

（4）CAN BUS 系统信息传输波形

如图 2-24 所示为 CAN 数据总线信息传输信号波形。用以传输数据的 CAN 数据总线采用双向数据线，分为 CAN 高位（CAN-high）和低位（CAN-low）。CAN 高位和低位数据线的信号电压为相互对称分布。当 CAN 高位数据线电压为 5V 时，CAN 低位数据线电压为 0V；而当 CAN 高位数据线电压为 0V 时，CAN 低位数据线电压为 5V。

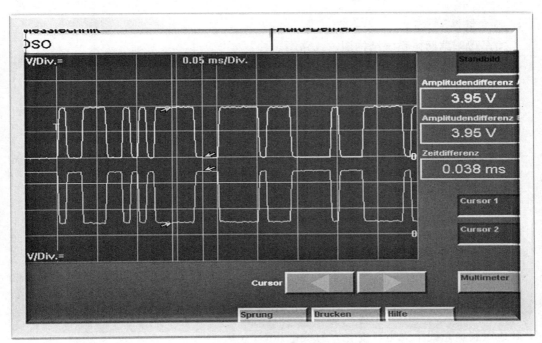

图 2-24　CAN BUS 信息传输波形图

（5）车内网络连接原理

如图 2-25 所示，各个控制单元利用双绞线分别连接在 CAN BUS 系统的舒适总线、驱动总线上，通过网关"翻译"，将舒适总线与驱动总线之间的信息传输速率和识别代号进行转换，从而实现信息的可靠、迅速和实时传输，完成控制单元对相应模块功能的控制。

（6）车载网络系统故障特点和检修方法

① 故障诊断工具

进行车载网络系统的检修，需要以下诊断工具：

a. 诊断设备

能进行 CAN 数据总线故障检测的诊断仪器（含原厂仪器、通用型仪器）。

b. 检测设备

汽车专用电表、示波器等。

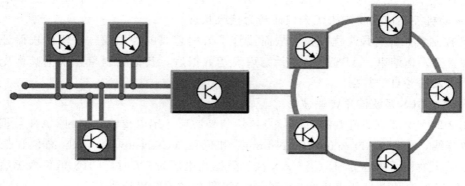

图 2-25　车内网络连接原理图

c. 技术资料

相关车型车载网络系统结构图、线路图。

② 车载网络系统的故障种类和故障部位

a. 全部控制单元不能和诊断仪器通信

故障可能部位：诊断接头，BUS 线，网关。

b. 部分或某个控制单元不能和诊断仪器通信

故障可能部位：诊断接头，BUS 线，控制单元。

c. 控制单元记忆系统相关的故障码

故障可能部位：BUS 线，控制单元。

d. 采用 CAN 系统控制的功能故障

故障可能部位：BUS 线，控制单元，相关元件。

③ 车载网络系统的故障现象

a. 断路或短路的故障

断路：总线上无电压。

对正极短路：总线上无电压变化，总线电压等于蓄电池电压。

对地短路：总线上无电压变化，总线电压 $U=0V$。

原因可能为：导线中断；导线局部磨损；线束连接损坏/触头损坏/污垢、锈蚀；控制单元损坏或控制单元供电故障。

b. 控制单元的故障

干扰总线系统的控制单元：该故障原因可能由于软件引起。

症状：由电码干扰而导致的功能无法执行或功能异常。

确定干扰总线系统的控制单元：依次取下每根总线上连接的控制单元保险丝；每脱开一个控制单元后，重复总线测试；如果在脱开某个控制单元后数据传送重新正常，则表明该控制单元干扰了数据交换；可更换相关的控制单元。

④ 总线的维修

如图 2-26 所示，拆开在损坏点处的缠绕线，对损坏点处进行维修。在维修时需注意：为了屏蔽干扰，尽可能少拆解缠绕节，并且维修点之间的距离应保持至少 100mm。

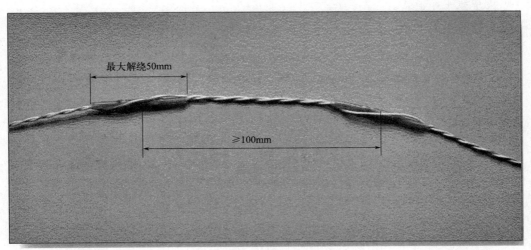

图 2-26 总线的维修

2.2 驱动 CAN 总线

2.2.1 驱动 CAN 总线概述

CAN 总线目前的 ISO 标准有两种：ISO11898 与 ISO11519-2。ISO11898 是通信速率为 125kbit/s～1Mbit/s 是 CAN 高速通信标准，ISO11519-2 是通信速率最高可达 125kbit/s 的 CAN 低速通信标准。这两种标准的通信数据格式一样，不同之处在于通信速率和故障保护机制方式上：高速 CAN 的两条总线中只要有一条出现短路或断路，整个网络就失效。而低速 CAN 的两条总线出现同样的问题时，还可用剩下的另一条完好总线进行数据传输（单线功能）。高速 CAN 总线主要应用在一些对实时性要求高的系统中，如驱动系统、制动系统等。低速 CAN 总线主要应用在一些对实时性要求不高的系统中，如舒适系统、灯光系统等。

2.2.1.1 驱动 CAN 总线的特点

驱动 CAN 总线的速率为 500kbit/s，用于将驱动 CAN 总线方面的控制单元连成网络。驱动 CAN 总线控制单元有：发动机控制单元、ABS 控制单元、ESP 控制单元、变速器控制单元、安全气囊控制单元、组合仪表等。驱动 CAN 总线由 15 号接线柱（点火开关）接通，短时工作后，又完全关闭。

驱动总线的主要特征是：

· 传输速率为 500kbit/s，传递 1bit 所需时间为 0.002ms，平均一条信息大约需 0.2ms。

· 没有数据传输时的基础电压值约为 2.5V。

· 线色：CAN-H 是橙黑色，CAN-L 是橙棕色。

· 线径是 $0.35mm^2$。

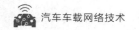

- 无单线工作模式。
- 逻辑状态与电压，如图 2-27 所示。

电位	逻辑状态	U_{CAN-H} 对搭铁	U_{CAN-L} 对搭铁	电压差
显性	0	3.8V（3.5V）	1.2V（1.5V）	2.6V（2.5V）
隐形	1	2.6V（2.5V）	2.4V（2.5V）	0.2V（0V）

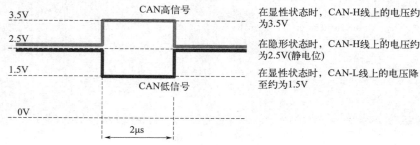

图 2-27　CAN 驱动总线的逻辑状态和电压关系

2.2.1.2　驱动 CAN 总线的结构组成

　　CAN 总线中，无论高速 CAN 总线还是低速 CAN 总线，每个连接在 CAN 总线上的节点内部都安装了一个 CAN 控制器、一个 CAN 收发器、两条数据传递线形成总线链路和数据传输终端，如图 2-28 所示。基本组成结构相同，但是在数据传输终端略有不同。数据传输终端实际是一个电阻器，作用是避免数据在传输中反射回来，产生反射波使数据遭到破坏。在高速 CAN 总线中只有两个数据传输终端，被装在 CAN 高位（CAN-H）和低位（CAN-L）之间，总电阻为 50～70Ω。将点火开关断开后，可以用万用表测量 CAN-H 和 CAN-L 之间的电阻值。高速 CAN 总线数据传输终端电阻如图 2-29 所示。

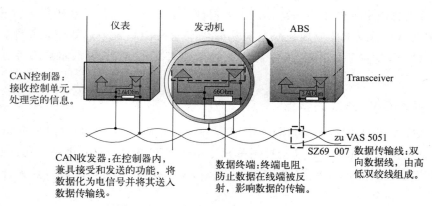

图 2-28　驱动 CAN 数据传输总线结构

2.2.1.3　驱动 CAN 总线的数据传递

　　无论是高速 CAN 还是低速 CAN，数据传递过程都由以下五步组成：

① 数据准备：控制单元向 CAN 控制器提供需要发送的数据。

② 数据发送：CAN 控制器接收由 CAN 控制器传来的数据，转化为电信号并发送。

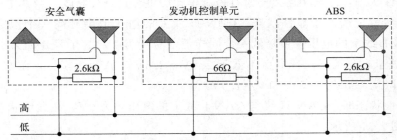

图 2-29　驱动 CAN 总线数据传输终端电阻

③ 数据接收：CAN 总线中所有控制单元都转化为接收器。

④ 数据检验：控制系统检查判断所接收的数据是否是需要的数据。

⑤ 数据接收：如接收的数据有需要，则将被接收并进行处理，否则将被忽略。但是高速 CAN 和低速 CAN 在具体工作细节上还是略有不同。

(1) 数据的发送

图 2-30 中为高速 CAN 总线发射器电路。当连接在总线上的所有节点都没有往外发送数据时，所有的节点发射器都处于截止状态，两条数据总线也处于无源状态。上面应用了相同的预先设定值，该值被称为隐性电位。对于高速 CAN 总线来说，这个值大约为 2.5V。隐

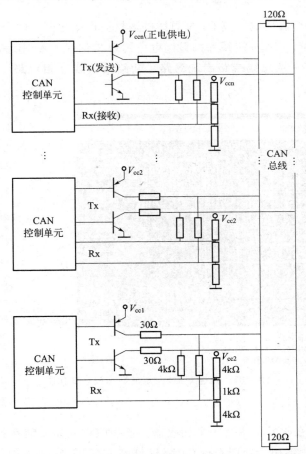

图 2-30　高速 CAN 总线发射器电路简图

性电位也叫隐性状态，与其相连接的所有控制单元均可对它进行修改。当其中一个控制单元往外发送数据时，总线处于显性状态，CAN-H 线上的电压值会升高一个预定值（至少为1V），而 CAN-L 线上的电压值会降低一个同样值（至少为 1V）。于是在动力 CAN 总线上，CAN-H 线就处于有源状态，其电压不低于 3.5V（2.5V＋1V＝3.5V），而 CAN-L 线上的电压值最多可降至 1.5V（2.5V－1V＝1.5V）。

因此在隐性状态时，CAN-H 线与 CAN-L 线上的电压差为 0V，在显性状态是该差值最低为 2V，如图 2-31 所示。

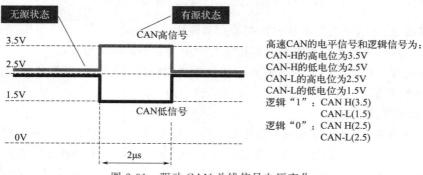

图 2-31　驱动 CAN 总线信号电压变化

图 2-32 所示为一个真实的高速 CAN 总线的数据波形变化图，两个电位之间的叠加信号表示 2.5V 的隐性电位。CAN-H 线上的显性电位约为 3.5V，CAN-L 线约为 1.5V。在高速 CAN 总线中，只要有一条总线线路出现短路、断路或两线互相短路，则整个总线都失效，所有节点都无法通信。

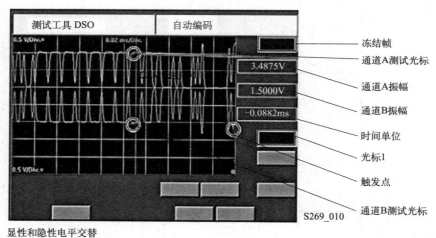

图 2-32　高速 CAN 总线的数据波形变化图

（2）数据的接收

如图 2-33 所示，在收发器内有一个接收器。该接收器就是安装在接收一侧的差动信号放大器。差动信号放大器用于处理来自 CAN-H 线和 CAN-L 线的电位信号，除此以外还负责将转换后的信号传至控制单元的 CAN 接收区。这个转换后的信号被称为差动信号放大器的输出电压。差动信号放大器内的信号处理如图 2-34 所示。

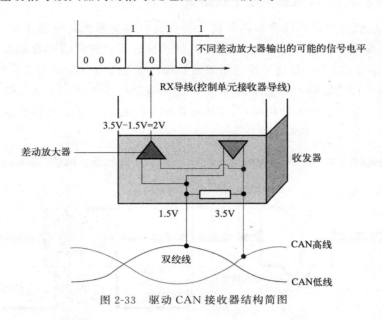

图 2-33　驱动 CAN 接收器结构简图

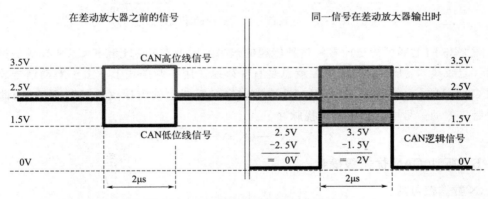

图 2-34　差动信号放大器内的信号处理

CAN-H 线和 CAN-L 线上传递的电位信号是相反的,差动信号放大器用 CAN-H 线上的电压 (UCAN-H) 减去 CAN-L 线上的电压 (UCAN-L),就得出了输出电压。用这种方法可以消除静电位 (对于动力 CAN 总线来说是 2.5V) 或其他任何重叠的电压 (如干扰)。

由于数据总线布置在发动机舱内,电火花、电磁开关、移动电话和发送站、电焊机等电磁设备发出的电磁波都会影响和破坏 CAN 的数据传输。为了防止数据在传输时受到干扰,CAN 总线必须采用有效的防干扰措施。

根据电磁感应定律和右手规则,双平行线和两端的通信设备构成一个空间闭合回路,穿过双平行线的磁感应线可在回路中形成方向一致的干扰性电流,给有用的信号造成干扰。

双绞线与两端的通信设备虽然构成一个大的导线闭合回路,但由于双绞线是由双线扭绞而成,在空间上构成一个个的小闭合回路,穿过双绞线的磁感应线在相邻的两个"绞孔"的空间上虽然感应电动势方向相同,但在同一根导线的感应电动势方向却是相反的。因此,双

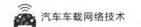

绞线起着相互抵消的作用。

2.2.1.4 驱动系统 CAN 数据总线干扰滤除

驱动 CAN 总线差动信号放大器内有抗干扰过滤，以此来消除电磁干扰。CAN 发送器发送的数据信号是差分信号，CAN 接收器是差分式接收器，它们的结合起着很好的抗干扰作用。CAN-H 信号和 CAN-L 信号经过差动信号放大器处理后（所谓的差动传递技术），可最大限度地消除干扰的影响，如图 2-35 所示。这种差动技术的另一个优点是：即使车上的供电电压有波动（如在起动发动机时），也不会影响各个控制单元的数据传递（数据传递可靠性）。

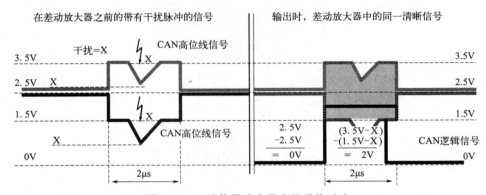

图 2-35 差动信号放大器内的干扰过滤

从图 2-35 的上部可清楚地看到这种传递的效果。因为 CAN-H 线和 CAN-L 线是扭绞在一起的（双绞线），所以干扰脉冲 X 就总是有规律地作用在两条线上。由于差动信号放大器总是用 CAN-H 线上的电压（$3.5V-X$）减去 CAN-L 线上的电压（$1.5V-X$），因此在经过处理后，差信号中就不再有干扰脉冲了。

$$(3.5V-X)-(1.5V-X)=2V$$

2.2.1.5 驱动 CAN 优先级确认

CAN 数据帧包括：

① 开始域：标志数据开始。带有大约 5V 电压（由系统决定）的 1 位数，被送入高位 CAN 线；带有大约 0V 电压的 1 位数被送入低位 CAN 线。

② 状态域：判定数据中的优先权。如果两个控制单元要同时发送各自的数据，那么具有较高优先权的控制单元优先发送。

③ 检查域：显示在数据中所包含的信息项目数。在这里允许任何接收器检查是否已经接收到所传递过来的所有信息。

④ 数据域：在数据域中，信息被传送到其他控制单元。

⑤ 安全域：检测传递数据中的错误。

⑥ 确认域：在此，接收器信号通知发送器是否已经正常接收数据。若检查到错误，接收器立即通知发送器，然后发送器再一次发送数据。

⑦ 结束域：标志数据报告结束。在此是显示错误并重复发送数据的最后一次机会。

因为 CAN 总线采用多主串行数据传递方式，如果有多个控制器同时发出信号，那么总线上一定会发生数据冲突。为了避免出现数据冲突，当出现多个控制器同时发送信号的情况时，系统必须决定哪个最先发送，哪个控制单元等待发送。CAN 总线采取的措施是：每个控制单元在发送信号时，通过数据帧前列的状态域来识别数据优先权，具有最高优先权的数据优先发送。

在信息数据列中有 11 位状态区。这 11 位二进制数中，前 7 位既是发送信息的控制器标符，又表示了它的优先级。仲裁规则如下：标识符中的号码越小（从前往后数，前面"0"越多），优先级越高。而后 4 位则是这个控制器发送不同信号的编号，如发动机控制单元既要发送转速信号，又要发送冷却液温度等信号，则后 4 位数就不同。出于安全考虑，由 ABS/EDL 控制单元提供的数据（驾驶安全）比自动变速器控制单元提供的数据（驾驶舒适）更重要，因此具有更高的优先权。

在图 2-36 中，ABS/EBD 控制单元优先权最高，在数据总线上优先传输；当自动变速器发送信号的第二位"1"遇到 ABS 的第二位"0"时，立即改发送为接收，信息发送失败；同理，当发动机控制单元发送信息的第三位"1"遇到 ABS 的第三位"0"时，同样改发送为接收，信息发送也失败。自动变速器控制单元优先权最低，其排序及状态值见表 2-1。

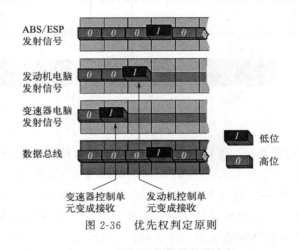

图 2-36　优先权判定原则

表 2-1　3 组不同数据帧的优先权

优先权	数据报告	状态域形式
1	ABS	001 1010 0000
2	发动机	010 1000 0000
3	变速器	100 0100 0000

显性电位"0"越多，说明其优先权级别越高。发射隐性电位"1"的控制单元，若检测到一个显性电位"0"，那么该控制单元停止发射，转为接收。表 2-1 所示为 3 组不同数据帧的优先权，3 个控制单元同时发送数据。此时，在数据传输线上一位一位地进行比较，如果 1 个控制单元发送了 1 个隐性电位而检测到 1 个显性电位，那么该控制单元就判断出有更高优先权的数据在发送，会立即停止发送，转为接收器接收数据。

第一位：ABS 制动控制单元发送了 1 个高电位，发动机控制单元也发送了 1 个高电位，自动变速器控制单元发送了 1 个低电位而检测到 1 个高电位，那么自动变速器控制单元将失去优先权而转为接收器。

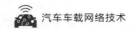

第二位：制动控制单元发送了 1 个高电位，发动机控制单元发送了 1 个低电位并检测到 1 个高电位，那么，发动机控制单元将失去优先权而转为接收器。

第三位：制动控制单元拥有最高优先权并接收分配的数据。该优先权保证其持续发送数据直至发送结束。制动控制单元结束发送数据后，其他控制单元再发送各自的数据。

2.2.1.6 纯电动汽车驱动 CAN 总线结构原理

在纯电动汽车控制系统中，如图 2-37 所示包括 4 个节点，即 VCU（整车控制单元）、PCU（电机控制单元）、BMS（电池管理系统控制单元）、HEC（仪表显示控制单元）。动力系统的通信主要存在于前三个节点之间来实现对整车运行状态的控制，其中 HEC 节点在 CAN 网络上处于只接收不发送的状态，接收网络中的整车行驶信息，电机运行信息以及电池状态信息等并实时显示。纯电动汽车动力 CAN 网络结构与信号流动如图 2-38 所示。

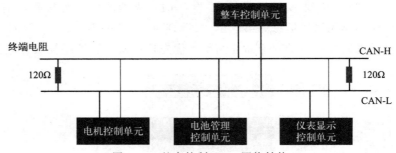

图 2-37　整车控制 CAN 网络结构

（1）控制系统

① VCU（整车控制单元）　VCU 相当于电动汽车的大脑，它起到控制全局的作用，接收汽车上传感器的信息，通过 A/D 转换后计算，编码为 CAN 报文，发送到总线上控制其他节点的工作。同时，将一些整车相关的信息（车速、电池 SOC、踏板位置、电池状态、门锁信息）在组合仪表上显示出来。其中最核心的就是通过传感器的输入值与系统当前状态及汽车工况等条件计算出合适的电机扭矩值，通过 CAN 总线发送到电机控制系统，指挥电机正确工作。另外，VCU 还能控制主继电器的开关，使整个系统上电和断电。

② PCU（电机控制单元）　PCU 相当于电动汽车的四肢，它的主要工作是为整车控制器发送扭矩值。采用双路电来调速电机，使电机工作在设定的转速下，并且根据电动机的温度变化控制电机的冷却水泵和冷却风扇，从而有效地调节电机温度。另外，PCU 也能将电池提供的直流电转换为电机运行所需的高压交流电，以及将当前电机工作状态反馈给 VCU。

③ BMS（电池管理系统控制单元）　BMS 等同于电动汽车血液循环的"心脏"，电池为"血液循环及能量系统"。BMS 的主要功能是通过检测和管理电池，对荷电状态（SOC）、健康状态（SOH）和功能状态（SOF）进行快速、实时的检测，实现对电池状态的监测作用，防止电池过充电或者过放电。并且提供必要的信息，保证电池能够保持在最佳的工作状态，延长电池寿命，并将电池的实时信息传输给子系统，为系统整体策略提供数据依据。

如图 2-39 所示，电池管理系统（BMS）是连接车载动力电池和电动汽车的重要纽带。它采用中央控制单元和本地控制结构，从控模块主要用于监控实时信息，具体参数有单体电池电压、母线电流、实时温度、SOC 等；主控模块用来进行数据计算、SOC 评估和通信响应动作。为了达到系统整体把控和局部响应的目的，采用 CAN 总线传输数据。

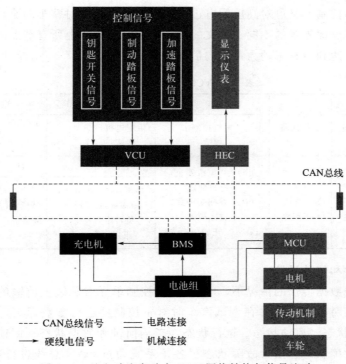

图 2-38　纯电动汽车动力 CAN 网络结构与信号流动

图 2-39　电池管理系统实物图

（2）控制单元节点报文信息

整车 CAN 网络各节点对应的报文名称、报文 ID 及刷新率如表 2-2 所示。

表 2-2　整车 CAN 网络各节点对应的报文名称、报文 ID 及刷新率

控制单元名称	报文名称	报文 ID	刷新率
整车控制单元	VCU1	0x0c00f3d0	50ms
	VCU2	0x103028d0	100ms
电机控制单元	MCU1	0x1420d0ef	50ms
	MCU2	0x1421d0ef	50ms
电池管理控制单元	BMS1	0x1809d0f3	50ms
	BMS2	0x810d0f3	50ms
	BMS3	0x1811d0f3	50ms

表 2-3 是整车控制单元节点 VCU1 报文信息，该报文信息可用于实现对电机控制模式、电机转速或扭矩的控制，又可对高压配电进行控制，从而实现对整车的驱动控制。整车控制单元节点根据各节点优先级的不同和报文的刷新率来协调整车上所有节点的协同工作，调节能量的合理流向，达到对整车动力系统的最优控制。

表 2-3　VCU1 输出的报文信息

VCU1	字节 1	字节 2	字节 3	字节 4	字节 5	字节 6	字节 7	字节 8
	电机回路上强电	电机回路下强电	电机控制模式	给定电机转速				保留
VCU 控制命令	Bit0：0-不上强电，1-上强电	Bit8：0-不下强电，1-下强电	Bit16：0-电机停止，1-电机使能 Bit17：0-扭矩模式，1-调速模式 Bit18：0-正转，1-反转	H	L	H	L	0xff
				精度：0.2N·m/bit 偏移量：160N·m 负转矩为发电，正扭矩为电动		精度：1(r/min)/bit 偏移量：11000r/min		

（3）控制硬件和软件设计

在不干扰总线数据传输的情况下，CAN 总线控制单元对总线上传输的数据进行实时监控，实时记录和实时报警，同时在调试汽车时对主控制器进行参数标定。在多个工作状态（停车状态、充电状态、启动状态、运行状态、车辆前进和后退状态、回馈制动状态、机械制动状态、一般故障状态、重大故障状态）各子系统通过 CAN 总线进行通信和数据传输，将各个分散的节点连成一个闭环系统，实现整个分布式系统的控制功能。

为了充分利用总线的带宽，提高数据帧有效信息传输占比，把每个控制单元（节点）功能发挥到最好。在分布式控制管理过程中有几个关键技术：定位时、总线终端匹配阻抗、CAN 驱动器设计、DBC 应用层协议的设计。这些技术也成为了 CAN 总线调试的难点。

① 位定时　CAN 总线位定时本质上和"总线同步"紧密相关联，CAN 总线系统的收/发双方必须以同步时钟来控制数据的发送和接收。接收端在相当长的数据流中仍要保持位同步，必须识别每个二进制位的开始时刻，因此对硬件终端的处理能力提出了高处理能力的需求。在位定时配置时，存在几组不同的参数都可以满足一定波特率的 CAN 总线，在这些参数中，一定存在一组最优的配置参数使得系统获得更大的振荡器容差和最大总线长度，通过在节点周围采样调试匹配位定时最佳参数。

② 终端匹配阻抗　终端匹配阻抗有利于提高信号传输质量，在较高频率的信号转换速率情况下，信号边沿能量遇到不匹配的情况会产生信号反射。由于传输线缆横截面的几何结构发生变化，线缆的特征阻抗随之变化，导致信号边沿能量反射，此时总线信号上会产生振铃。若振铃幅度过大，就会影响通信质量。如果在线缆末端增加一个与线缆特征阻抗一致的终端电阻，可以将这部分能量吸收，从而避免振铃的产生。

通过模拟试验，位速率为 1Mbit/s，收发器 CANH、CANL 接一根 10m 左右的双绞线，收发器端接 120Ω 电阻末端信号是一个良好的无振铃的方波，此时的电阻值可以认为与线缆的特征阻抗一致，振铃消失。图 2-40 为良好的无振铃方波。

在 CAN 总线网络拓扑结构中，终端电阻的安装位置如图 2-41 所示，当 CAN 总线长度增长时，终端电阻阻值有所变化。

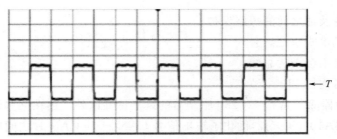

图 2-40　良好的无振铃方波

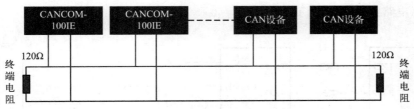

图 2-41　终端电阻

③ 总线驱动器设计　CAN 总线驱动器提供了 CAN 控制器与物理总线之间的接口，为汽车中的高速应用（1Mbps）而设计的。器件可以提供对总线的差动发送和接收功能，是影响系统网络性能的关键因素之一，在系统中的位置如图 2-42 所示。

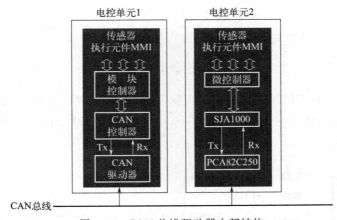

图 2-42　CAN 总线驱动器内部结构

82C250 是 CAN 控制器与物理总线之间的接口，它最初是为汽车中的高速应用（1Mbps）而设计的，器件可以提供对总线的差动发送和接收功能。

目前，较常见的驱动器有 82C250 驱动器和 TJA1050 驱动器。

82C250 驱动器的主要特性如下：

- 与 ISO11898 标准完全兼容。
- 高速率（最高可达 1Mbit/s）。
- 具有抗汽车环境下的瞬间干扰、保护总线的能力。
- 采用斜率控制，降低射频干扰（RFI）。

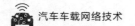

- 过热保护。
- 总线与电源及地之间的短路保护。
- 低电流待机模式。
- 未上电节点不会干扰总线
- 总线至少可连接 110 个节点。

　　TJA1050 驱动器除了具有 82C250 驱动器的以上特性以外，还在某些性能方面有了更大的改善，例如：TJA1050 驱动器优化了输出信号 CAN-H 和 CAN-L 之间的耦合，大大降低了信号的电磁辐射（EMI）；具有强电磁干扰下，宽共模范围的差动接收能力；对于发送数据（TXD）端的显性位，具有超时检测能力；输入电平与 3.3V 器件兼容等特性。C250/251 CAN 驱动器电路如图 2-43 所示。

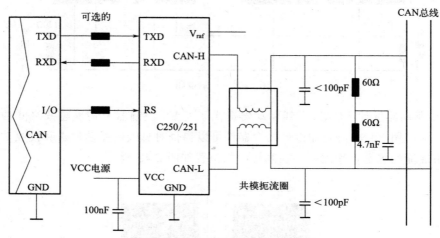

图 2-43　C250/251CAN 驱动器电路

　　驱动器电路内部具有限流电路，可防止发送输出级对电源、地或负载短路。若温度超过 160℃，则两个发送器输出端极限电流将减小，因而限制了芯片的升温。TJA1050CAN 驱动器电路如图 2-44 所示。

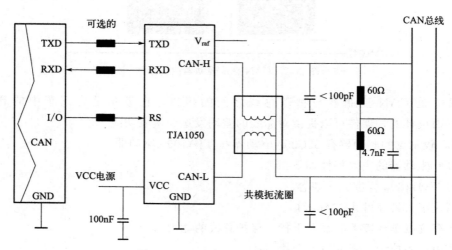

图 2-44　TJA1050CAN 驱动器电路

图 2-44 所示的引脚见表 2-4。

表 2-4　驱动器电路端子说明

标记	端子	功能描述
TXD	1	发送方数据输入
GND	2	接地
VCC	3	电源
RXD	4	接收数据输出
V_{mf}	5	参考电压输出
CAN-L	6	低电平 CAN 电压输入/输出
CAN-H	7	高电平 CAN 电压输入/输出
RS	8	斜率电阻输入

④ DBC 应用层协议的设计　DBC 是总线上汽车控制单元间进行 CAN 通信的报文内容。由于 CAN 协议只定义了数据链路层与物理层，没有定义应用层协议，需要针对具体问题和用户需求自定义应用层协议。在汽车总线应用领域，不同汽车其应用层协议差异性较大。采取这样一种自定义协议方式可以有效地满足实际需求。目前比较认可的 CAN 应用协议有：DeviceNet、CANopen、CAL、CANkingdom、J1939。

a. 整车 CAN 协议地址的分配原则　如图 2-44 所示，收发器的 TX 线始终与总线耦合，两者的耦合过程是通过一个开关电路来实现的。

整车 CAN 网络中每个节点（控制器）都对应着一个地址，地址的作用就是用来明确数据的发送方与接收方，在对地址进行分配时需要遵循一定的规则。

有些控制器如充电机在 J1939 中已经定义了地址，则使用已经定义的地址 0x56H，有些控制器（如 BMS）有多个功能的则可以使用多个地址，有些控制器（如 VCU）则需要自己重新定义地址。

当然重新定义地址的范围需要在 208～231 之间，并且用于车辆中的重要功能。这些 ECU 的地址分配如表 2-5 所示。

表 2-5　整车 CAN 节点地址分配

节点名称	源地址（十六进制）	缩写
整车控制器	208(0xD0)	VCU
电机控制器	239(0xEF)	MCU
BMS	243(0xF3)	BMS
充电机	85(0x56H)	OBC

b. 优先级制定原则　优先级的设置从最高 0 到最低 7，控制命令类型消息默认优先级是 3，请求和应答报文默认优先级为 6。总线上通信量发生变化时优先级可以发生变化。

c. 参数群制定原则

对于各个控制器中含有相同功能的参数、相近刷新率的参数以及同属一个子系统的参数尽量放在一个参数组当中，以此来减少报文数量，达到降低总线负载率的目的。

汽车车载网络技术

2.2.2　驱动 CAN 总线常见故障诊断与排除

驱动 CAN 总线波形包括 A 通道/CAN-L 和 B 通道/CAN-H。

（1）驱动 CAN 正常波形（如图 2-45 所示）

时基选择：0.1ms/格。

测量电压：2V/格。

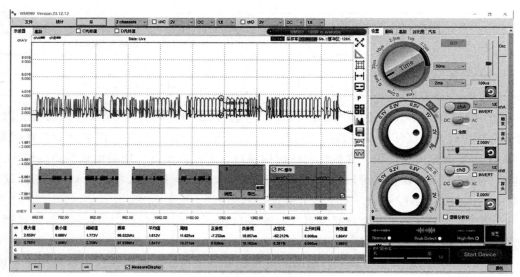

图 2-45　驱动 CAN 正常波形

（2）驱动 CAN-H/CAN-L 互短波形（如图 2-46 所示）

时基选择：5ms/格。

测量电压：2V/格。

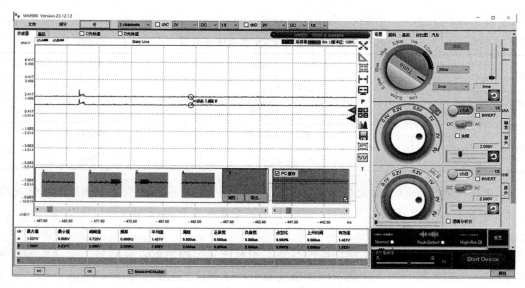

图 2-46　驱动 CAN-H/CAN-L 互短波形

仪表上电自检过程中EPC故障灯不亮/发动机故障灯熄灭1s后亮起/P挡指示灯闪烁/方向盘有助力发动机无法启动。

（3）驱动CAN-H/对12V波形（如图2-47所示）

时基选择：0.2ms/格。

测量电压：5V/格。

仪表上电自检过程中EPC故障灯不亮/发动机故障灯熄灭1s后亮起/P挡指示灯闪烁/方向盘有助力发动机无法启动。

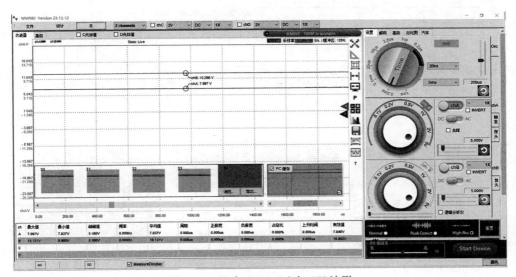

图2-47 驱动CAN-H/对12V波形

（4）驱动CAN-L/对12V波形（如图2-48所示）

时基选择：0.2ms/格。

测量电压：5V/格。

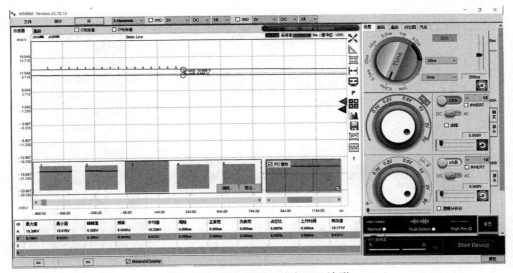

图2-48 驱动CAN-L/对12V波形

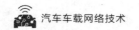

仪表上电自检过程中 EPC 故障灯不亮/发动机故障灯熄灭 1s 后亮起/P 挡指示灯闪烁/方向盘有助力发动机无法启动。

（5）驱动 CAN-H/对 5V 波形（如图 2-49 所示）

时基选择：2ms/格。

测量电压：5V/格。

全车上电正常发动机可以启动。

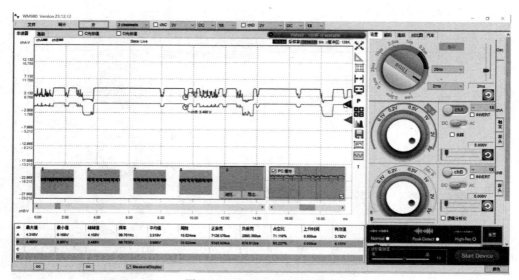

图 2-49　CAN-H/对 5V 波形

（6）驱动 CAN-L/对 5V 波形（如图 2-50 所示）

时基选择：2ms/格。

测量电压：5V/格。

全车上电正常发动机可以启动。

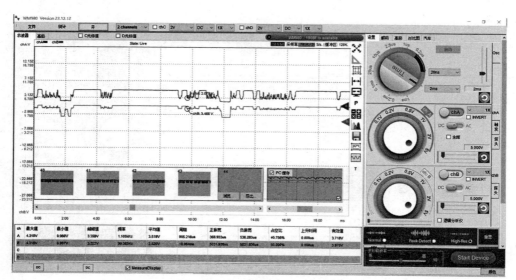

图 2-50　驱动 CAN-L/对 5V 波形

（7）驱动 CAN-H/对地波形（如图 2-51 所示）

时基选择：1ms/格。

测量电压：1V/格。

仪表上电自检过程中 EPC 故障灯不亮/发动机故障灯熄灭 2s 后亮起/P 挡指示灯闪烁/方向盘有助力发动机无法启动。

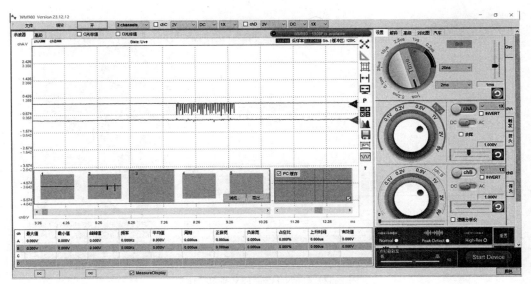

图 2-51　驱动 CAN-H/对地波形

（8）驱动 CAN-L/对地波形（如图 2-52 所示）

时基选择：1ms/格。

测量电压：1V/格。

全车正常上电车辆正常启动。

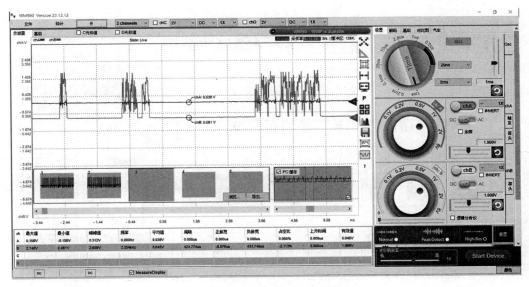

图 2-52　驱动 CAN-L/对地波形

（9）CAN-H 对 12V 虚接 100Ω（如图 2-53 所示）

时基选择：2ms/格。

测量电压：2V/格。

仪表上电自检过程中 EPC 故障灯不亮/发动机故障灯熄灭 2s 后亮起/P 挡指示灯闪烁/方向盘有助力发动机无法启动。

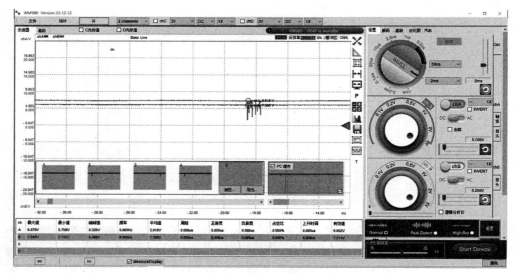

图 2-53　CAN-H 对 12V 虚接 100Ω

（10）CAN-H 对 12V 虚接 500Ω（如图 2-54 所示）

时基选择：5ms/格。

测量电压：2V/格。

仪表上电自检过程中 EPC 故障灯不亮/发动机故障灯熄灭 2s 后亮起/P 挡指示灯闪烁/方向盘有助力发动机无法启动。

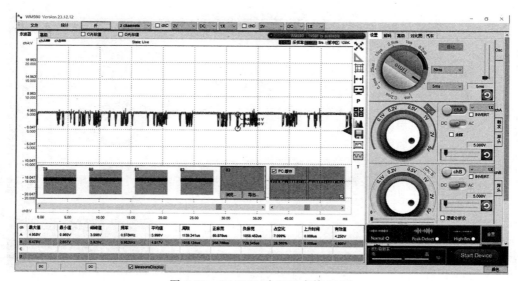

图 2-54　CAN-H 对 12V 虚接 500Ω

（11）CAN-H 对 12V 虚接 1000Ω（如图 2-55 所示）

时基选择：5ms/格。

测量电压：5V/格。

全车上电正常发动机正常启动。

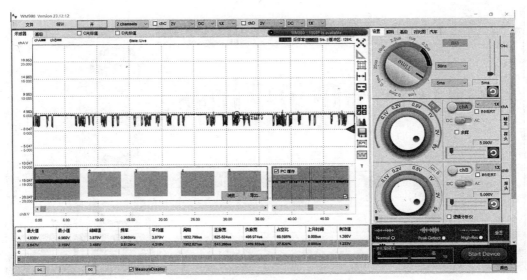

图 2-55 CAN-H 对 12V 虚接 1000Ω

（12）CAN-L 对 12V 虚接 100Ω（如图 2-56 所示）

时基选择：5ms/格。

测量电压：5V/格。

仪表上电自检过程中 EPC 故障灯不亮/发动机故障灯熄灭 2s 后亮起/P 挡指示灯闪烁/方向盘有助力发动机无法启动。

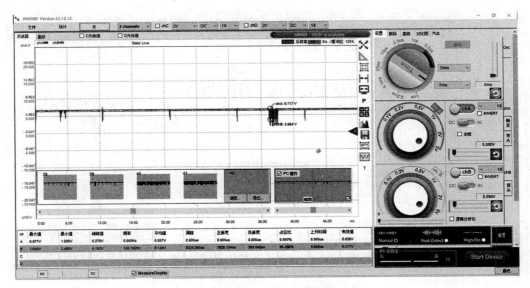

图 2-56 CAN-L 对 12V 虚接 100Ω

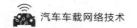

（13）CAN-L 对 12V 虚接 500Ω（如图 2-57 所示）

时基选择：10ms/格。

测量电压：2V/格。

全车上电正常发动机可以启动。

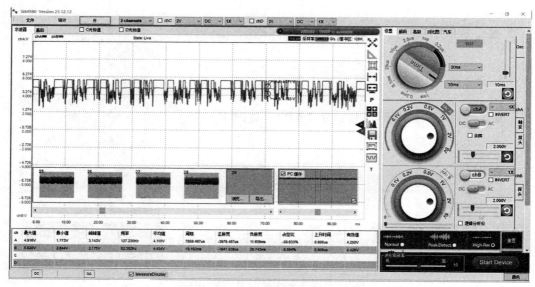

图 2-57　CAN-L 对 12V 虚接 500Ω

（14）CAN-L 对 12V 虚接 1000Ω（如图 2-58 所示）

时基选择：10ms/格。

测量电压：2V/格。

全车上电正常发动机可以启动。

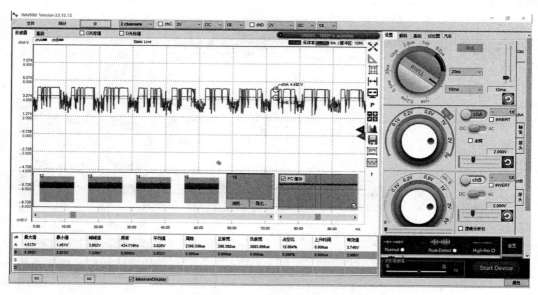

图 2-58　CAN-L 对 12V 虚接 1000Ω

（15）CAN-H 对 5V 虚接 100Ω（如图 2-59 所示）

时基选择：10ms/格。

测量电压：2V/格。

全车上电正常发动机可以启动。

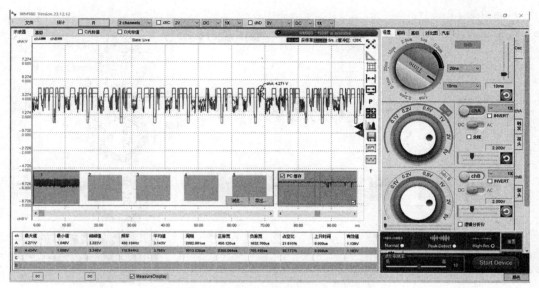

图 2-59 CAN-H 对 5V 虚接 100Ω

（16）CAN-H 对 5V 虚接 500Ω（如图 2-60 所示）

时基选择：5cm/格。

测量电压：2V/格。

全车上电正常发动机可以启动。

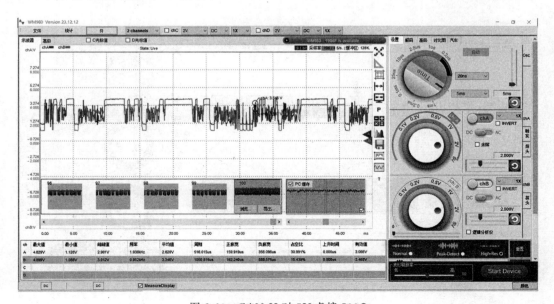

图 2-60 CAN-H 对 5V 虚接 500Ω

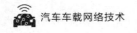

(17) CAN-H 对 5V 虚接 1000Ω（如图 2-61 所示）

时基选择：2cm/格。

测量电压：2V/格。

全车上电正常发动机可以启动。

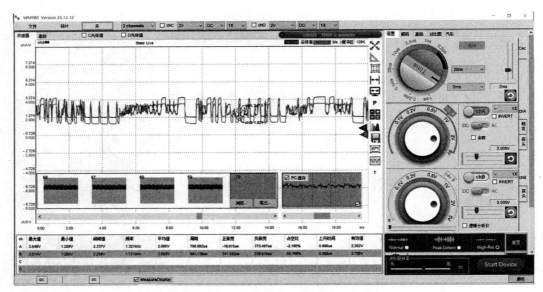

图 2-61　CAN-H 对 5V 虚接 1000Ω

(18) CAN-L 对 5V 虚接 100Ω（如图 2-62 所示）

时基选择：2ms/格。

测量电压：2V/格。

全车上电正常发动机可以启动。

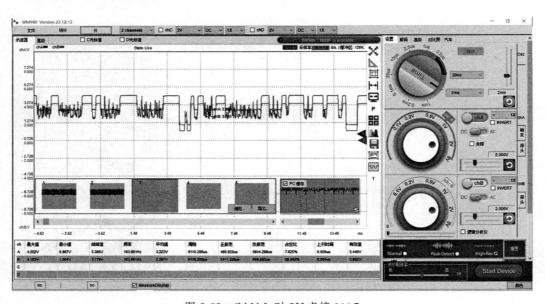

图 2-62　CAN-L 对 5V 虚接 100Ω

(19) CAN-L 对 5V 虚接 500Ω（如图 2-63 所示）

时基选择：2ms/格。

测量电压：2V/格。

全车上电正常发动机可以启动。

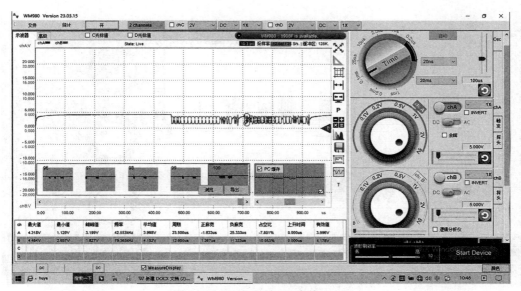

图 2-63　CAN-L 对 5V 虚接 500Ω

(20) CAN-L 对 5V 虚接 1000Ω（如图 2-64 所示）

时基选择：2ms/格。

测量电压：2V/格。

全车上电正常发动机可以启动。

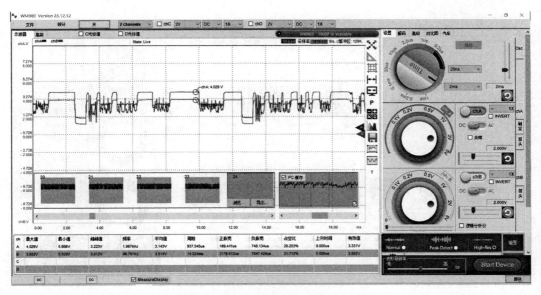

图 2-64　CAN-L 对 5V 虚接 1000Ω

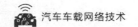

(21) CAN-H 对地 100Ω（如图 2-65 所示）

时基选择：2ms/格。

测量电压：1V/格。

全车上电正常发动机可以启动。

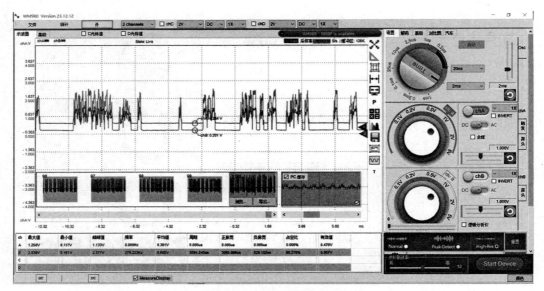

图 2-65　CAN-H 对地 100Ω

(22) CAN-H 对地 500Ω（如图 2-66 所示）

时基选择：2ms/格。

测量电压：1V/格。

全车上电正常发动机可以启动。

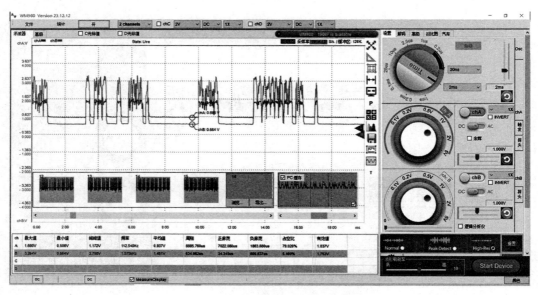

图 2-66　CAN-H 对地 500Ω

（23）CAN-H 对地 1000Ω（如图 2-67 所示）

时基选择：2ms/格。

测量电压：1V/格。

全车上电正常发动机可以启动。

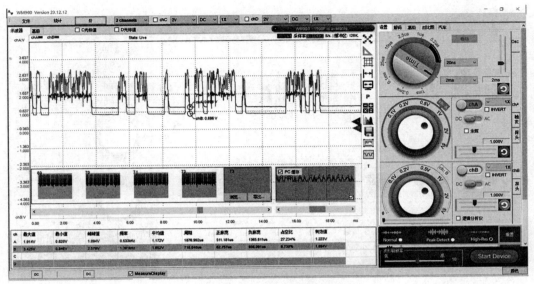

图 2-67　CAN-H 对地 1000Ω

（24）CAN-L 对地 100Ω（如图 2-68 所示）

时基选择：2ms/格。

测量电压：1V/格。

全车上电正常发动机可以启动。

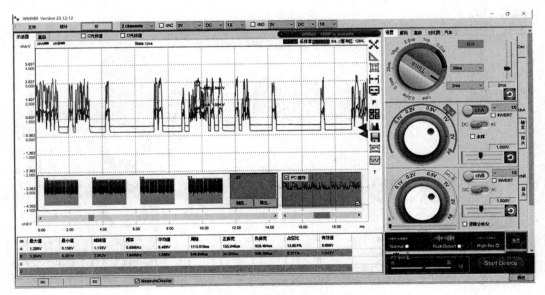

图 2-68　CAN-L 对地 100Ω

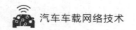

汽车车载网络技术

（25）CAN-L 对地 500Ω（如图 2-69 所示）

时基选择：2ms/格。

测量电压：1V/格。

全车上电正常发动机可以启动。

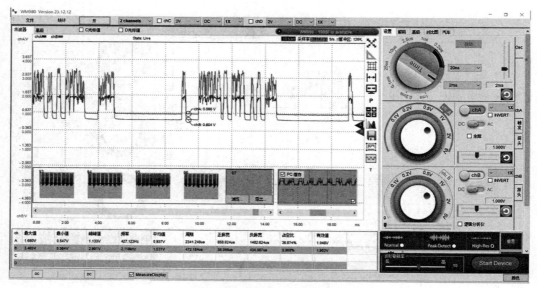

图 2-69　CAN-L 对地 500Ω

（26）CAN-L 对地 1000Ω（如图 2-70 所示）

时基选择：10μs/格。

测量电压：2V/格。

全车上电正常发动机可以启动。

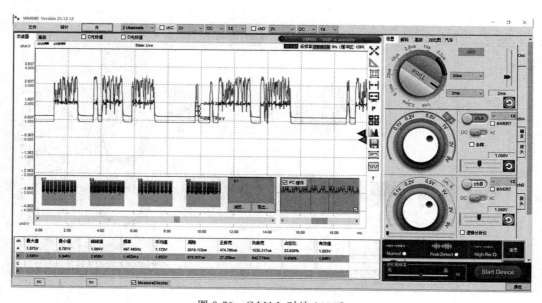

图 2-70　CAN-L 对地 1000Ω

(27) CAN-H 断路（如图 2-71 所示）

时基选择：20ms/格。

测量电压：2V/格。

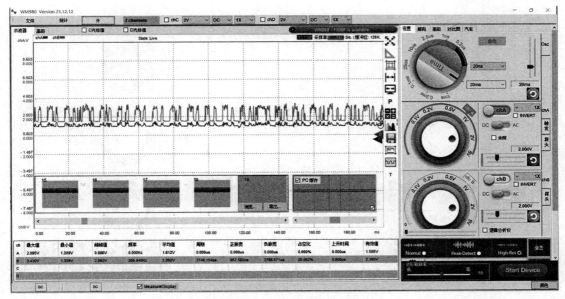

图 2-71 CAN-H 断路

(28) CAN-L 断路（如图 2-72 所示）

时基选择：25μs/格。

测量电压：2V/格。

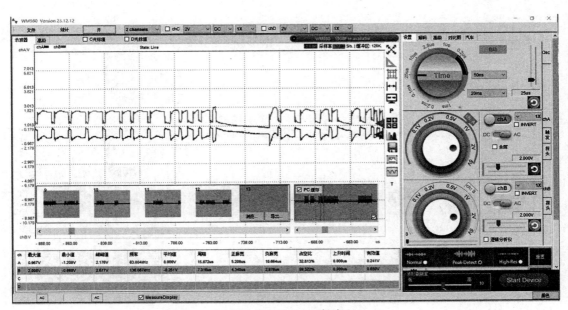

图 2-72 CAN-L 断路

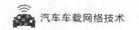

(29) CAN-H 虚接 100Ω（如图 2-73 所示）

时基选择：20ms/格。

测量电压：2V/格。

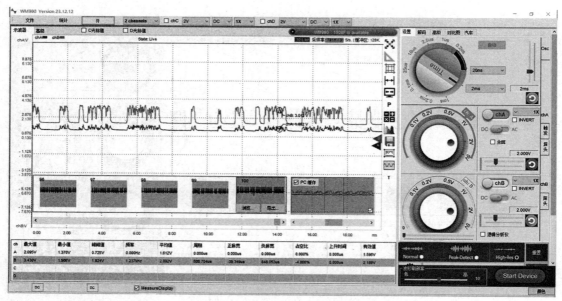

图 2-73　CAN-H 虚接 100Ω

(30) CAN-H 虚接 500Ω（如图 2-74 所示）

时基选择：2ms/格。

测量电压：2V/格。

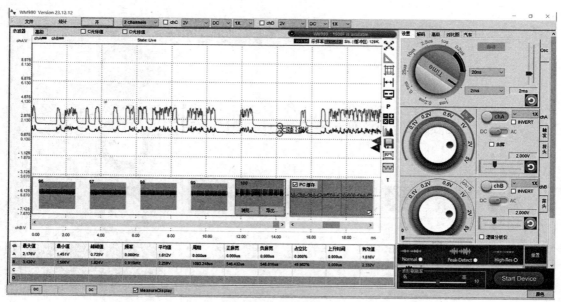

图 2-74　CAN-H 虚接 500Ω

（31）CAN-H 虚接 1000Ω（如图 2-75 所示）

时基选择：5ms/格。

测量电压：2V/格。

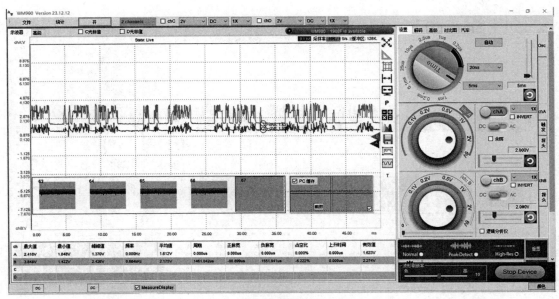

图 2-75　CAN-H 虚接 1000Ω

（32）CAN-L 虚接 100Ω（如图 2-76 所示）

时基选择：5ms/格。

测量电压：2V/格。

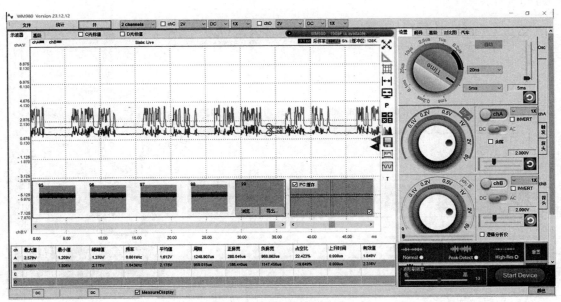

图 2-76　CAN-L 虚接 100Ω

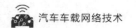

（33）CAN-L 虚接 500Ω（如图 2-77 所示）

时基选择：5ms/格。

测量电压：2V/格。

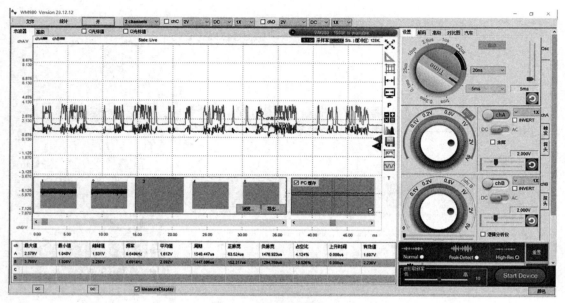

图 2-77 CAN-L 虚接 500Ω

（34）CAN-L 虚接 1000Ω（如图 2-78 所示）

时基选择：20ms/格。

测量电压：2V/格。

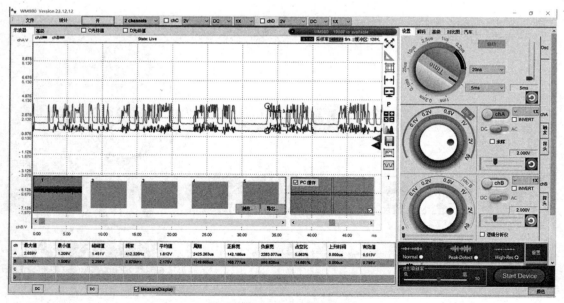

图 2-78 CAN-L 虚接 1000Ω

2.3 舒适 CAN 总线

2.3.1 舒适 CAN 总线系统概述

舒适 CAN 总线网络是将舒适 CAN 总线和总线上控制单元,如空调电控单元、车门电控单元、多媒体控制单元、仪表控制板单元等连接在一起所形成的网络系统。与所有 CAN 总线一样,舒适 CAN 总线也属于双绞式,其数据传输速率为 100kbit/s,也称为低速 CAN 总线。

2.3.1.1 舒适 CAN 总线系统特点

舒适/信息娱乐 CAN 总线控制单元有全自动空调/空调控制单元、车门控制单元、舒适控制单元、收音机和导航显示控制单元。控制单元通过驱动 CAN 总线的 CAN-H 线和 CAN-L 线来进行数据交换,如车门开/关、车内灯开/关、车辆位置(GPS)等,如表 2-6 所示。因为使用同样的脉冲频率,所以舒适 CAN 总线和信息娱乐 CAN 总线可以共同使用一对导线,当然前提条件是车上有这两种数据总线。舒适/信息娱乐 CAN 总线在一条数据线短路或一条 CAN 线断路时,可以用另一条线继续工作,这时会自动切换到"单线工况"。

表 2-6 CAN-H 和 CAN-L 数据交换关系

电位	逻辑状态	U_{CAN-H}对搭铁	U_{CAN-L}对搭铁	电压差
显性	0	4V(>3.6V)	1V(<1.4V)	3V
隐性	1	0V(小于1.4V)	5V(大于3.6V)	−5V

舒适/信息娱乐 CAN 总线主要特征如下:
① 传输速率是 100kbit/s,传输 1bit 所需时间为 0.01ms。
② 无数据传输时的基础电压值为:CAN-H=0V,CAN-L=5V(12V 系统)。
③ 线色:CAN-H 是橙绿色;CAN-L 是橙棕色。
④ 线径:0.35mm^2。
⑤ 有单线工作模式。
⑥ 逻辑状态与电压,如图 2-79 所示。

2.3.1.2 舒适 CAN 总线系统数据传递

低速 CAN 数据传输低速 CAN 通信速率最高可达 125kbit/s,通信数据格式与高速 CAN 总线是一样的,不同之处在于通信速率和外在故障保护上。高速 CAN 的两条网线只要有一条出现故障,整个网络就算失效。而低速 CAN 的两条网线出现同样的问题时,还可用剩下的另一条完好的网线进行数据传递,即单线功能。

低速 CAN 总线主要应用在一些对实时性要求不高的系统中,如舒适性系统、灯光系统等。

(1)低速 CAN 总线数据的发送

为了使低速 CAN 抗干扰性强且电流消耗低,与驱动 CAN 总线相比,舒适 CAN 总线就

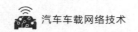

需做一些改动，具体如图 2-80 所示。

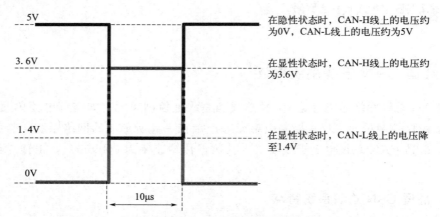

图 2-79　舒适/信息娱乐 CAN 总线的逻辑状态和电压关系

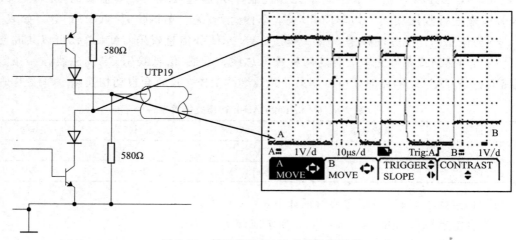

图 2-80　低速舒适 CAN 总线数据发送

　　首先，由于使用了单独的驱动器（功率放大器），两个 CAN 信号就不再有彼此依赖的关系。与驱动 CAN 总线不同，舒适/娱乐信息 CAN 总线的 CAN-H 线和 CAN-L 线不是通过电阻相连的。即 CAN-H 线和 CAN-L 线不再彼此相互影响，而是彼此独立作为电压源来工作，也就是说当某一条总线出现故障时，还可以继续传输数据（即单线模式）。

　　另外，在隐性状态（静电位）时，CAN-H 信号为 0V，在显性状态时则大于等于3.6V。对于 CAN-L 信号来说，隐性电位为 5V，显性电位小于等于 1.4V。于是在差频信号放大器内相减后，隐性电位为－5V，显性电位为 2.2V，那么隐性电位和显性电位之间的电压变化（电压提升）就提高到大于等于 7.2V。

　　（2）低速 CAN 总线数据的接收

　　低速 CAN 总线的接收器如图 2-81 所示，其原理与动力 CAN 总线收发器基本是一样的，在正常模式下，使用的是 CAN-H "减去" CAN-L 所得到的信号（差动数据传递）。

　　低速 CAN 和高速 CAN 总线的收发器输出的电压不一样，而且低速 CAN 还可在出现故障时切换到 CAN-H 线或 CAN-L 线（单线工作模式），进行单线数据传输。另外 CAN-H 线

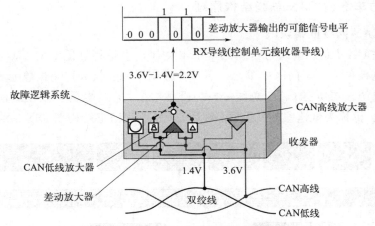

图 2-81 低速 CAN 接收器的结构简图

和 CAN-L 线上的数据传递会被识别出来，并且出现故障时会关闭 CAN-L 驱动器。在这种情况下，CAN-L 和 CAN-H 上的信号是相同的。

低速 CAN 总线 CAN-H 线和 CAN-L 线上的数据传递，由安装在收发器内的故障逻辑电路来监控。故障检验电路检验两条 CAN 导线上的信号，如果出现故障（如某条 CAN 导线断路），那么故障逻辑电路会识别出该故障，进而使用完好的那一根导线（单线工作模式）。这样就可以将故障对舒适/娱乐信息 CAN 总线的影响度降至最低。

2.3.1.3 睡眠模式和唤醒模式

当舒适/信息娱乐 CAN 总线处于空闲状态时，控制单元发送出睡眠命令，当网关监控到所有总线都有睡眠的要求时，即进入睡眠模式。此时总线电压：低位线为 12V；高位线为 0V。如果动力总线仍处于信息传递过程中，则舒适/娱乐信息 CAN 总线不允许进入睡眠状态；如果舒适 CAN 总线处于信息传递的过程中，则信息娱乐 CAN 总线也不能进入睡眠模式。

睡眠模式仅存在于舒适/信息娱乐 CAN 总线：车辆落锁 35s 后或不锁车但没任何操作的 10min 时。非睡眠模式电流为 700mA，睡眠模式电流为 6~8mA，所有控制器一同睡眠或唤醒。在点火开关及车门关闭的情况下，正常静电流如图 2-82 所示，异常静电流如图 2-83 所示。

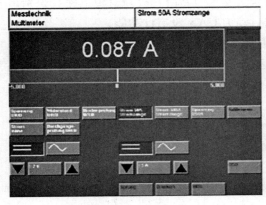

图 2-82 正常静电流

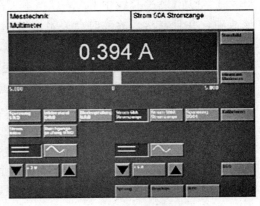

图 2-83 异常静电流

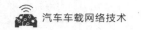

2.3.1.4　电动车舒适 CAN 总线结构原理

（1）舒适 CAN 网络框架认识

电动车舒适 CAN 总线网络与传统汽车基本类似，也是将舒适 CAN 总线和总线上控制单元（如空调电控单元、车门电控单元、多媒体控制单元、仪表控制板单元等）连接在一起所形成的网络系统。与所有 CAN 总线一样，舒适 CAN 总线也属于双绞式，其数据传输速率为 100kbit/s，也称为低速 CAN 总线。舒适 CAN 总线网络结构图如图 2-84 所示。

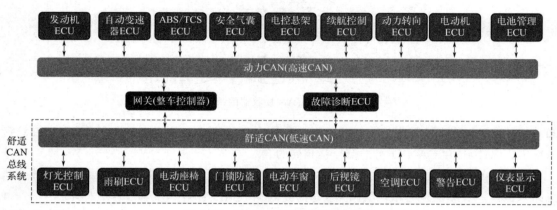

图 2-84　舒适 CAN 总线网络结构图

控制单元通过舒适 CAN 总线的 CAN-High 线和 CAN-Low 线来进行数据交换实现部分舒适系统中各元件功能，如车门打开/关闭、车内灯点亮/熄灭、车辆导航系统（GPS）等。与动力 CAN 比较，两者有明显的差异性：

① 舒适 CAN 总线中 CAN-H 和 CAN-L 使用了独立的驱动器（功率放大器）；动力 CAN 总线中 CAN-H 和 CAN-L 共用一个驱动器（功率放大器）。

② 舒适 CAN 总线中 CAN-H 和 CAN-L 没有彼此依赖的关系，可以单线运行；动力 CAN 总线中 CAN-H 和 CAN-L 相互依赖，不能单线运行。

③ 舒适 CAN 总线中收发器内有故障逻辑电路，用来校验两条 CAN 导线上的信号，若出现故障，故障逻辑电路会识别出该故障，从而使用完好的一条导线（单线工作模式）；动力 CAN 总线中收发器内有故障逻辑电路，不能识别故障（不能单线工作）。

④ 舒适 CAN 总线中 CAN-H 线和 CAN-L 线之间发生短路时，故障逻辑电路会识别出该故障，并且在出现故障时会关闭 CAN-L 驱动器；动力 CAN 没有此功能。

⑤ 舒适 CAN 总线保持随时可用状态，进入所谓"睡眠模式"（降低对供电电网产生的负荷）；动力 CAN 总线供电切断或经过短时无载运行后会切断。

⑥ 舒适 CAN 总线速率 100kbit/s，属于低速 CAN；动力 CAN 总线速率 500kbit/s，属于高速 CAN。

⑦ 动力 CAN 总线 CAN-H 为橙/黑色；舒适 CAN 总线 CAN-H 为橙/绿色。

触发点的设定。触发点应位于被测信号的幅值范围内。CAN-H 信号的触发点宜设定在 2.5～3.5V 之间，CAN-L 信号的触发点宜设定在 1.5～2.5V 之间。

时间轴精度的设定。时间轴精度应尽可能选择得高一些，以利于发现电压波形短暂、细微的变化，一般将时间轴精度设定为每个单格 0.02ms，即 0.02ms/Div。

（2）舒适 CAN 网络的控制方法

舒适系统也称为车身低速控制系统，多采用 CAN 总线将车窗、空调、仪表、雨刷、座椅等连接起来，通过 CAN 总线实现信息共享，对于如何实现各种功能以及不同系统之间如何交互并保持同步，可以有自己的定义方式。基于集成思想，将车身分成不同的区域，分区域控制元件，实现人与车的交互。不同的车型系统的硬件设计与软件设计比较复杂，在动力系统控制策略提过控制过程中的关键技术，这里不再赘述，接下来从硬件组成和软件设计角度分别介绍车身控制 CAN 的设计思路。

① 硬件组成　根据 CAN 通信原理，硬件由 CAN 控制器与 CAN 驱动器组成。微处理器可以集成在控制器中，也可以独立出来，不过集成式控制器（包含微处理器）能够更大程度上简化电气系统的硬件设计，使得系统的可靠性提高。控制器与驱动器之间采用光电耦合隔离，可以较好地实现各个 CAN 节点之间的电气隔离，可以增强干扰性和稳定性。根据不同的模块加入不同的外部接口电路，如输入电路，电压调节线路等，仪表系统模块结构图如图 2-85 所示。

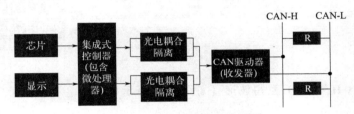

图 2-85　仪表系统模块结构图

在图 2-85 中 CAN 驱动器与 CAN 总线的接口部分采取了一定的安全和抗干扰措施，电阻 R 连接在 CAN-H 和 CAN-L 之间，可以匹配总线的阻抗，同时数据的抗干扰性和可靠性增强。芯片发出控制信号给微处理器，微处理器对信号进行分析处理，同时内嵌的 CAN 控制器交换信息帧，通过 CAN 收发器把信息帧发送到总线上，来实现对车窗和车灯等低速电器的控制。

② 软件设计　由于硬件部分采用"集成模块思想"，故软件部分也需采用"模块编程"。软件部分包括主程序模块、初始化模块、发送模块与接收模块等。仪表系统 CAN 控制器传输速度可高达 1Mbit/s，可同时支持 CAN 报文中的标准（11 位）和扩展（29 位）ID 两种报文模式。

它具有报文过滤功能，用于对接收到的报文 ID 码和预先设定的接收缓冲区 ID 码进行比较，从而确定接收到的报文是否有效。将接收到的数据自动装载到相应的报文寄存器中，不同数据放入不同的报文寄存器中。各控制单元按规定格式和周期发送数据到总线上，同时也要接收其他控制器的信息。总线上其他控制器根据需要各取所需的报文。

2.3.2　舒适 CAN 总线常见故障诊断与排除

舒适 CAN 总线波形包括 A 通道/CAN-L 和 B 通道/CAN-H。

（1）舒适 CAN 正常波形（如图 2-86 所示）

时基选择：0.1ms/格。

测量电压：2V/格。

全车正常上电，舒适 CAN 正常唤醒。

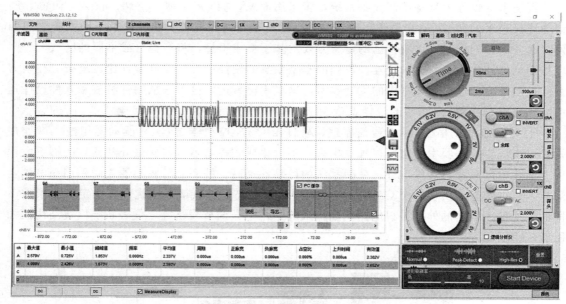

图 2-86 舒适 CAN 正常波形

（2）舒适 CAN-H/CAN-L 互短波形（如图 2-87 所示）

时基选择：2ms/格。

测量电压：2V/格。

全车无法上电，收音机、车内阅读灯可以正常使用。

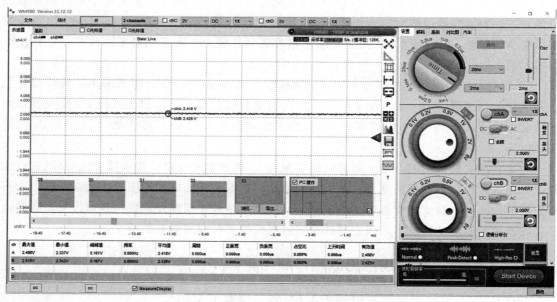

图 2-87 舒适 CAN-H/CAN-L 互短波形

（3）舒适 CAN-H 对 12V 波形（如图 2-88 所示）

时基选择：5ms/格。

测量电压：5V/格。

全车无法上电，收音机、车内阅读灯可以正常使用。

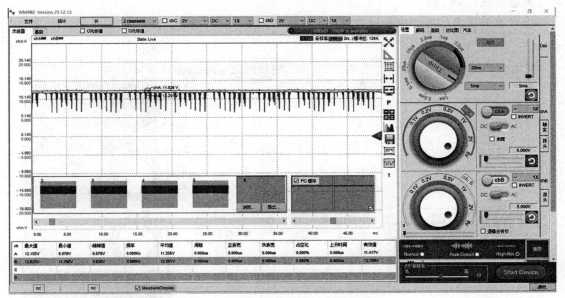

图 2-88　舒适 CAN-H 对 12V 波形

（4）舒适 CAN-L 对 12V 波形（如图 2-89 所示）

时基选择：0.2ms/格。

测量电压：5V/格。

全车无法上电，收音机、车内阅读灯可以正常使用。

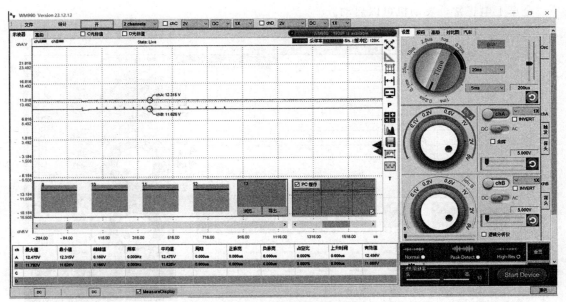

图 2-89　舒适 CAN-L 对 12V 波形

(5) 舒适 CAN-H 对 5V 波形（如图 2-90 所示）

时基选择：2ms/格。

测量电压：5V/格。

全车上电正常，发动机可以启动。

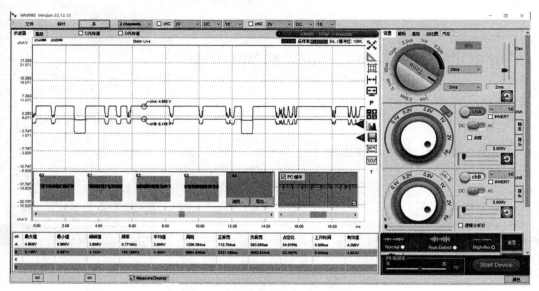

图 2-90　舒适 CAN-H 对 5V 波形

(6) 舒适 CAN-L 对 5V 波形（如图 2-91 所示）

时基选择：2ms/格。

测量电压：5V/格。

全车上电正常，发动机可以启动。

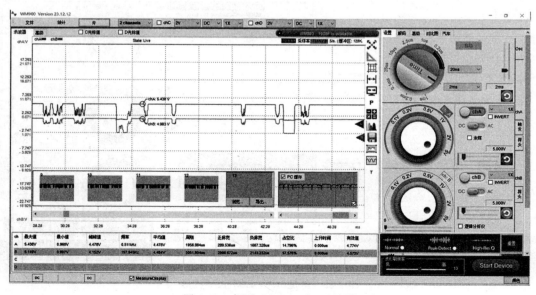

图 2-91　舒适 CAN-L 对 5V 波形

（7）舒适 CAN-H 对地波形（如图 2-92 所示）

时基选择：2ms/格。

测量电压：1V/格。

全车无电，收音机车内阅读灯双闪可以正常使用。

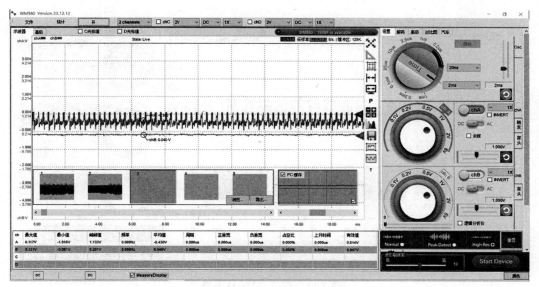

图 2-92　舒适 CAN-H 对地波形

（8）舒适 CAN-L 对地波形（如图 2-93 所示）

时基选择：2ms/格。

测量电压：1V/格。

全车正常上电/启动。

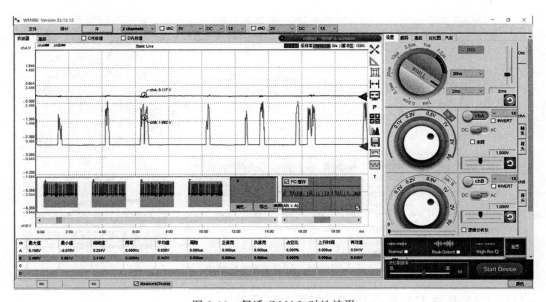

图 2-93　舒适 CAN-L 对地波形

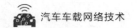

(9) 舒适 CAN-H 断路（如图 2-94 所示）

时基选择：20ms/格。

测量电压：2V/格。

全车无电，收音机车内阅读灯双闪可以正常使用。

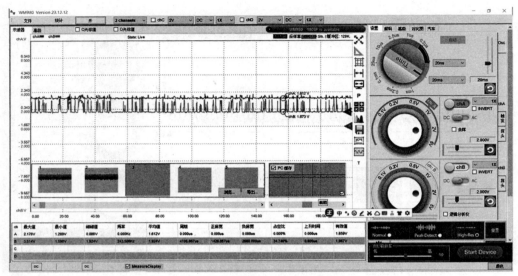

图 2-94　舒适 CAN-H 断路

(10) 舒适 CAN-L 断路（如图 2-95 所示）

时基选择：10ms/格。

测量电压：2V/格。

全车无电，收音机车内阅读灯双闪可以正常使用。

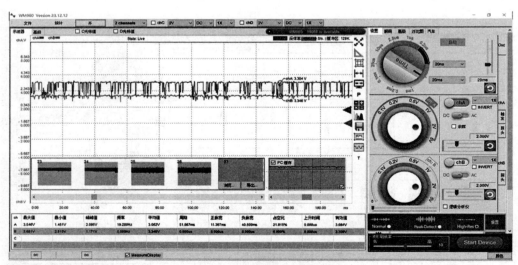

图 2-95　舒适 CAN-L 断路

(11) CAN-H 对 12V 短接 100Ω（如图 2-96 所示）

时基选择：0.2ms/格。

测量电压：5V/格。

全车无电，连续按 E378 收音机按键，背景灯会亮/收音机车内阅读灯双闪可以正常使用。

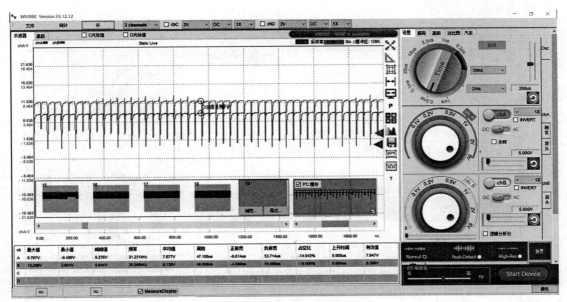

图 2-96 CAN-H 对 12V 短接 100Ω

（12）CAN-H 对 12V 短接 500Ω（如图 2-97 所示）

时基选择：5ms/格。

测量电压：5V/格。

全车无电，收音机、车内阅读灯双闪可以正常使用。

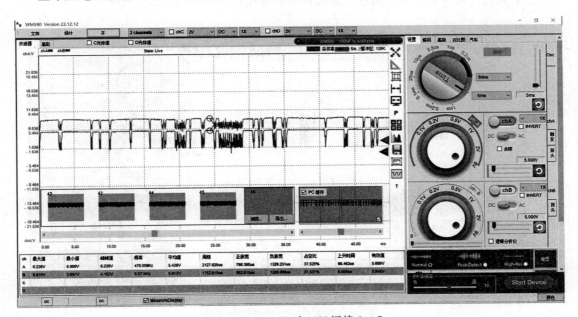

图 2-97 CAN-H 对 12V 短接 500Ω

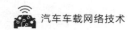

汽车车载网络技术

（13）CAN-H 对 12V 短接 1000Ω（如图 2-98 所示）

时基选择：5ms/格。

测量电压：5V/格。

全车正常，车辆可以启动。

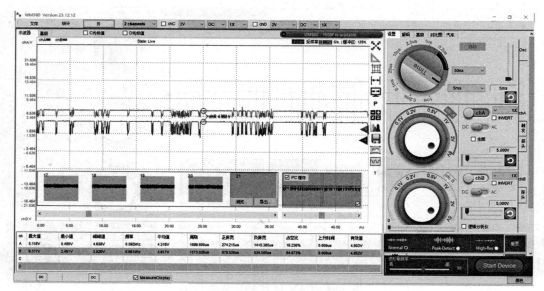

图 2-98　CAN-H 对 12V 短接 1000Ω

（14）CAN-L 对 12V 短接 100Ω（如图 2-99 所示）

时基选择：20ms/格。

测量电压：5V/格。

全车无电，收音机、车内阅读灯双闪可以正常使用。

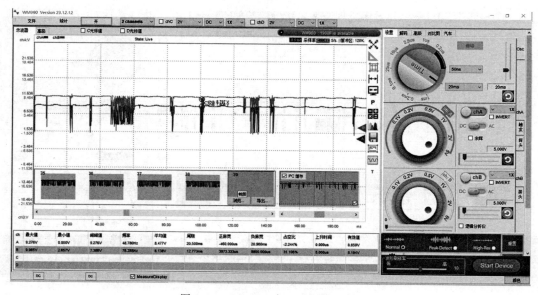

图 2-99　CAN-L 对 12V 短接 100Ω

（15）CAN-L 对 12V 短接 500Ω（如图 2-100 所示）

时基选择：10ms/格。

测量电压：5V/格。

全车上电正常，车辆可以启动。

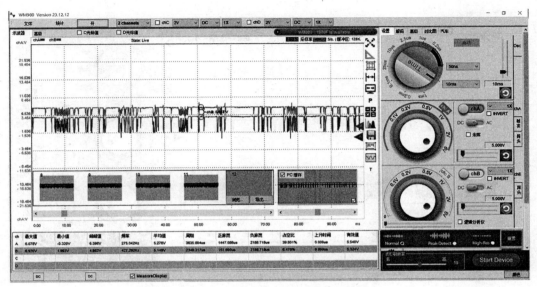

图 2-100　CAN-L 对 12V 短接 500Ω

（16）CAN-L 对 12V 短接 1000Ω（如图 2-101 所示）

时基选择：5ms/格。

测量电压：5V/格。

全车上电正常，车辆可以启动。

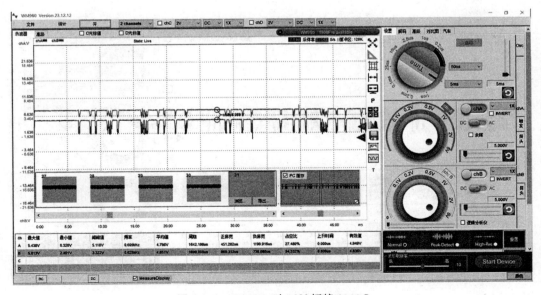

图 2-101　CAN-L 对 12V 短接 1000Ω

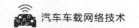

（17）CAN-H 对 5V 短接 100Ω（如图 2-102 所示）

时基选择：5ms/格。

测量电压：5V/格。

全车上电正常，车辆可以启动。

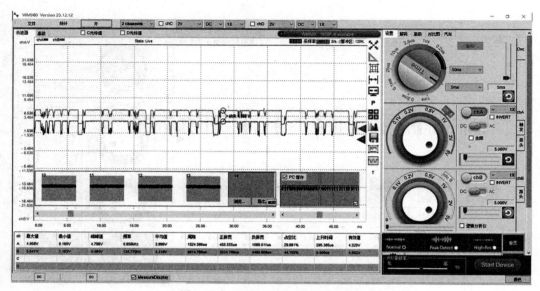

图 2-102　CAN-H 对 5V 短接 100Ω

（18）CAN-H 对 5V 短接 500Ω（如图 2-103 所示）

时基选择：5ms/格。

测量电压：5V/格。

全车上电正常，车辆可以启动。

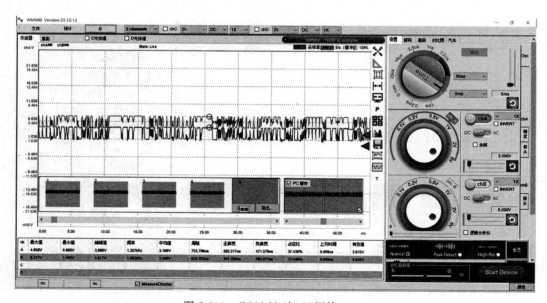

图 2-103　CAN-H 对 5V 短接 500Ω

（19）CAN-H 对 5V 短接 1000Ω（如图 2-104 所示）

时基选择：2ms/格。

测量电压：5V/格。

全车上电正常，车辆可以启动。

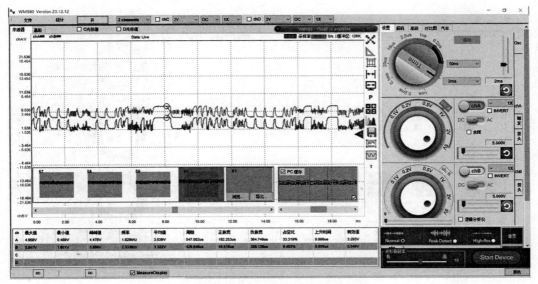

图 2-104　CAN-H 对 5V 短接 1000Ω

（20）CAN-L 对 5V 短接 100Ω（如图 2-105 所示）

时基选择：5ms/格。

测量电压：5V/格。

全车上电正常，车辆可以启动。

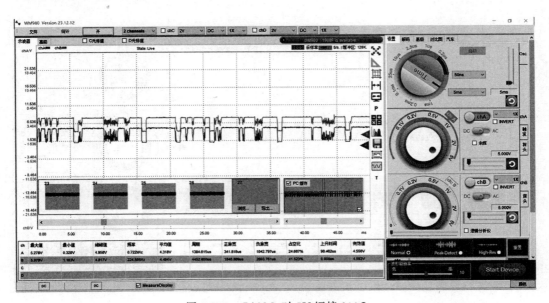

图 2-105　CAN-L 对 5V 短接 100Ω

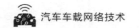

（21）CAN-L 对 5V 短接 500Ω（如图 2-106 所示）

时基选择：5ms/格。

测量电压：5V/格。

全车上电正常，车辆可以启动。

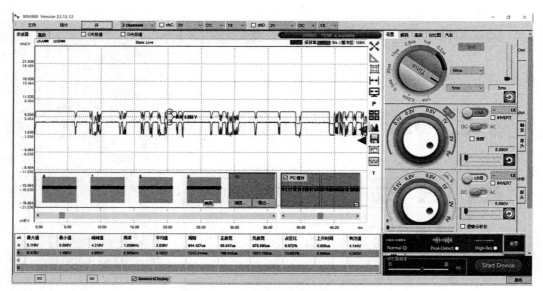

图 2-106　CAN-L 对 5V 短接 500Ω

（22）CAN-L 对 5V 短接 1000Ω（如图 2-107 所示）

时基选择：1ms/格。

测量电压：5V/格。

全车上电正常，车辆可以启动。

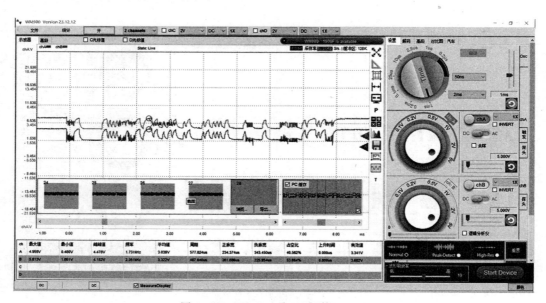

图 2-107　CAN-L 对 5V 短接 1000Ω

（23）CAN-L 对地 100Ω（如图 2-108 所示）

时基选择：5ms/格。

测量电压：2V/格。

全车正常车辆正常启动。

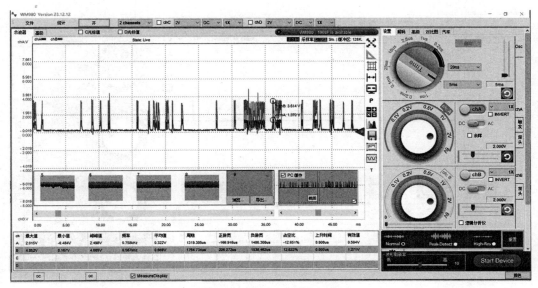

图 2-108　CAN-L 对地 100Ω

（24）CAN-L 对地 500Ω（如图 2-109 所示）

时基选择：2ms/格。

测量电压：2V/格。

全车正常，车辆正常启动。

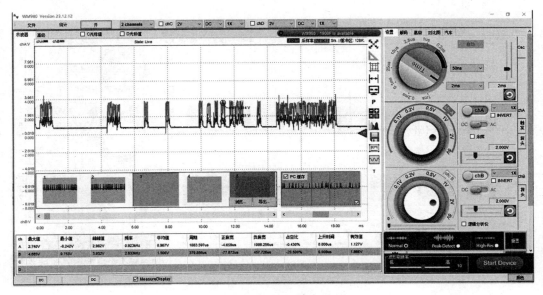

图 2-109　CAN-L 对地 500Ω

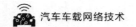

（25）CAN-L 对地 1000Ω（如图 2-110 所示）

时基选择：2ms/格。

测量电压：2V/格。

全车上电正常，车辆正常启动。

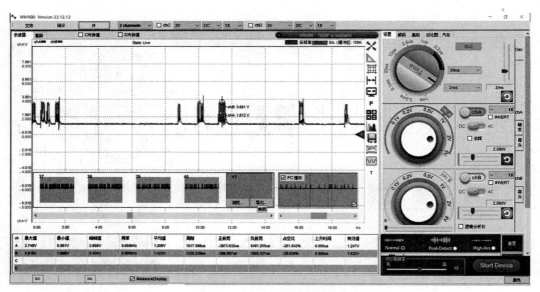

图 2-110　CAN-L 对地 1000Ω

（26）CAN-H 对地 100Ω（如图 2-111 所示）

时基选择：5ms/格。

测量电压：2V/格。

全车上电正常，车辆可以启动。

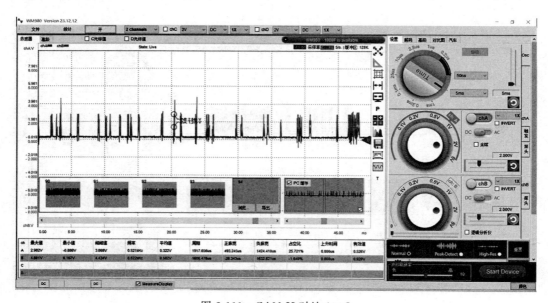

图 2-111　CAN-H 对地 100Ω

(27) CAN-H 对地 500Ω（如图 2-112 所示）

时基选择：5ms/格。

测量电压：2V/格。

全车上电正常，车辆可以启动。

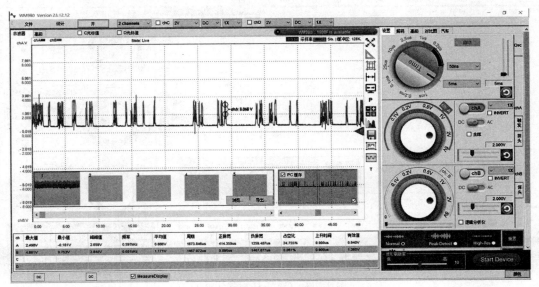

图 2-112　CAN-H 对地 500Ω

(28) CAN-H 对地 1000Ω（如图 2-113 所示）

时基选择：5ms/格。

测量电压：2V/格。

全车上电正常，车辆可以启动。

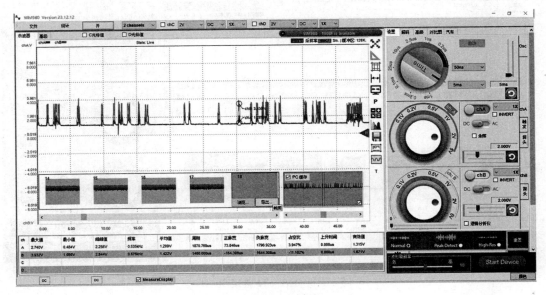

图 2-113　CAN-H 对地 1000Ω

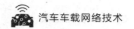

（29）CAN-H 虚接 100Ω（如图 2-114 所示）

时基选择：2ms/格。

测量电压：2V/格。

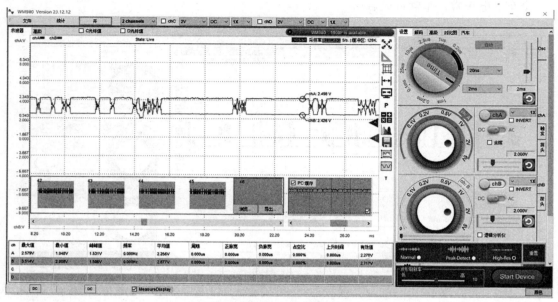

图 2-114　CAN-H 虚接 100Ω

（30）CAN-H 虚接 500Ω（如图 2-115 所示）

时基选择：2ms/格。

测量电压：2V/格。

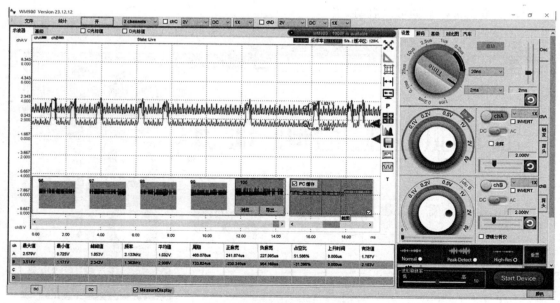

图 2-115　CAN-H 虚接 500Ω

(31) CAN-H 虚接 1000Ω（如图 2-116 所示）

时基选择：2ms/格。

测量电压：2V/格。

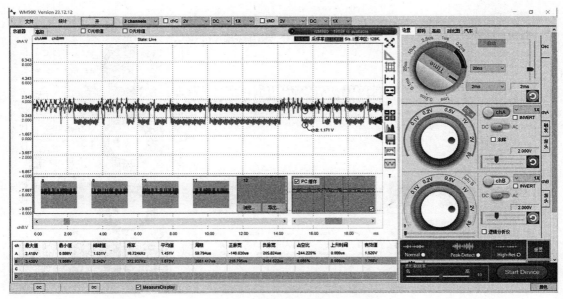

图 2-116　CAN-H 虚接 1000Ω

(32) CAN-L 虚接 100Ω（如图 2-117 所示）

时基选择：2ms/格。

测量电压：2V/格。

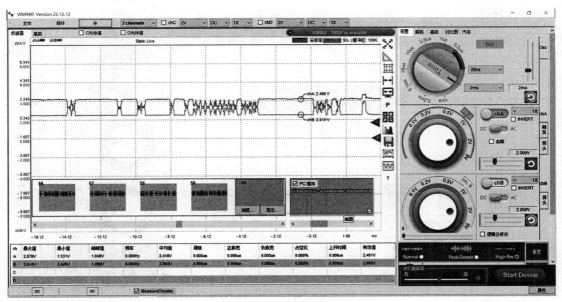

图 2-117　CAN-L 虚接 100Ω

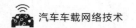

(33) CAN-L 虚接 500Ω（如图 2-118 所示）

时基选择：2ms/格。

测量电压：2V/格。

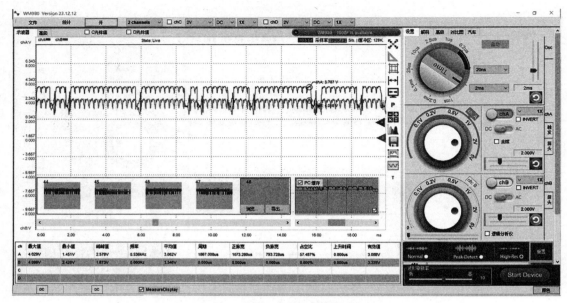

图 2-118　CAN-L 虚接 500Ω

(34) CAN-L 虚接 1000Ω（如图 2-119 所示）

时基选择：2ms/格。

测量电压：2V/格。

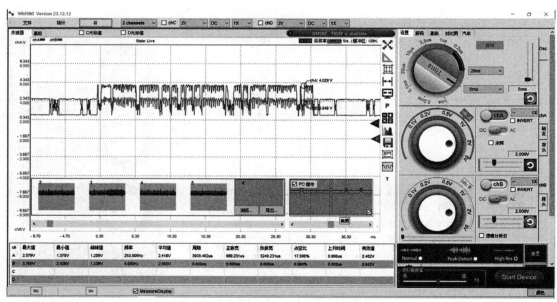

图 2-119　CAN-L 虚接 1000Ω

3

LIN总线系统

3.1 LIN 总线系统概述

LIN（local interconnect network，局域连接网络）表示所有的控制单元都装在一个有限的空间（如车顶）内，所以它也被称为局域子系统。LIN 是用于汽车分布式电控系统的一种新型低成本串行通信系统，它是一种基于 UART/SCI（universal asynchronous receiver-transmitter/serial communication interface，通用异步收发器/串行通信接口）的低成本串行通信协议。

1996 年，Volvo 和 Volcano 通讯（VCT）为 Volvo S80 系列开发了一种基于 UART/SCI 的协议，即 Volcano Lite。1997 年，Motorola、Volvo、VCT 合作，帮助它们改进 Volcano Lite 协议以满足各种不同需求（比如无需晶振的从机设备自动同步），并制定可以支持各种半导体产品的开放标准。1998 年 12 月，Audi、BMW、Daimler Chrysler 和 Volkswagen 也加入进来，由此形成了 LIN 协会。开发 LIN 标准的目的在于适应分层次车内网络在低端（速度和可靠性要求不高、低成本的场合）的需求。LIN 经历了几个版本的发布和更新，例如 LIN1.2、LIN1.3 和 LIN2.0 等。LIN 协议历史如表 3-1 所示。

表 3-1　LIN 协议历史

发布时间	版本
1999 年 7 月	底特律 SAE 大会上，LIN1.0 版本发布，包括 3 部分内容，分别为协议规范、配置语言规范和 API 规范。
2000 年 3 月	LIN1.1 版本发布。
2000 年 11 月	LIN1.2 版本发布。
2002 年 12 月	LIN1.3 版本发布，主要对物理层进行修改，提高了节点之间的兼容性。

发布时间	版本
2003 年 9 月	LIN2.0 版本发布,适应当代和未来汽车工业发展趋势,为了实现节点的"即插即用",增加了诊断规范和节点能力语言规范。
2006 年 11 月	LIN2.1 版本发布,目标是改进 LIN2.0 规范的理解力,增加了传输层规范和节点配置规范,形成了 8 个子规范。
2010 年	LIN2.2A(最新版)发布。

3.1.1　LIN 总线系统的应用

　　LIN 总线（LIN-BUS）是一种新发展的汽车车载子总线系统，它是 CAN 总线的一种有益补充，可以更加经济、有效地完成车辆功能。LIN（局域网）结构比较简单，应用成本较低，传输速率较低，适合应用在一些对时间要求不是那么严格的场合，例如汽车、家电、办公设备等多个领域。LIN 总线在汽车中的应用领域示例如图 3-1 所示。LIN 典型的应用是车上传感器和执行器的联网，目前在汽车上主要应用于空调、车门、顶窗、刮水器、后视镜、电子辅助转向助力等系统的控制传输。LIN 总线在奥迪 A8 轿车中的应用如图 3-2 所示。

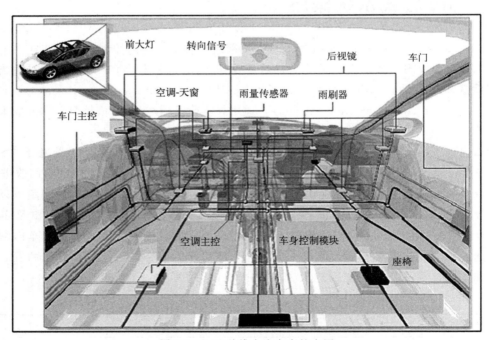

图 3-1　LIN 总线在汽车中的应用

3.1.2　LIN 总线特点

　　LIN 总线是用于汽车分布式电控系统的一种新型低成本串行通信系统，是一种基于 SCI（UATR）数据格式、主从结构的单线 12V 的总线通信系统，主要用于智能传感器和执行器的串行通信。LIN 总线的主要特点如下。

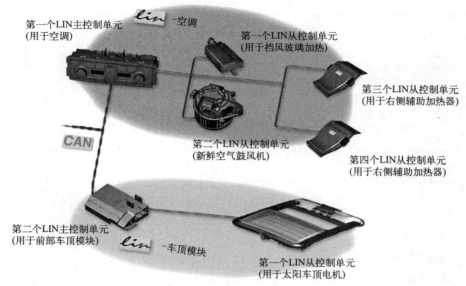

第一个LIN主控制单元
(用于空调)

第一个LIN从控制单元
(用于挡风玻璃加热)

第三个LIN从控制单元
(用于右侧辅助加热器)

第二个LIN从控制单元
(新鲜空气鼓风机)

第四个LIN从控制单元
(用于右侧辅助加热器)

第二个LIN主控制单元
(用于前部车顶模块)

第一个LIN从控制单元
(用于太阳车顶电机)

图 3-2　LIN 总线在 AUDI 汽车上的应用

① LIN 总线是单线式总线,仅靠一根导线传输数据,该车辆搭铁也被当成数据传输的接地连接。虽然不是双绞线,但可以避免电磁干扰,所以不需要屏蔽线。

② LIN 总线的线束颜色一般采用紫色,有标识色。导线的横截面积为 $0.35mm^2$。

③ LIN 总线采用单主机、多从机模式,不需要传输仲裁机制。

④ 数据传输速率为 $1 \sim 20kbit/s$,最大传输距离不超过 40m。因为传输速率低,所以一般被应用在刮水器、空调等车身电气系统等要求传输速率不高的系统中。它实用性强,传输技术容易实现,价格低廉。

⑤ LIN 总线上的控制单元有主控制单元和从控制单元。主控制单元与 CAN 总线、LIN 总线相连,从控制单元都与 LIN 总线相连,主控制单元控制从控制单元发送数据信息。通常一个主控单元最多与 16 个 LIN 从控制单元进行数据交换。

⑥ 从控单元不需要振荡器就能实现自同步功能,节省了从控单元的硬件成本。

⑦ 无须改变从控单元的硬件或软件,便可在网络中增加新的节点。

⑧ 可选的报文帧长度为 2B、4B 和 8B。

⑨ 具有监控总线、数据校验和、标志符双重奇偶校验等错误检测功能,保证数据传输的可靠性。

拓展阅读　LIN 与 CAN 的比较

在车载网络中,LIN 处于低端,与 CAN 以及其他 B 类或 C 类网络比较,其传输速度慢,结构简单,价格低廉,并与这些网络为互补关系。由于汽车产品的价格和复杂性非常敏感,在车载网络低端使用 LIN 会显现其必要性和优越性。LIN 与 CAN 控制器特性对比见表 3-2,LIN 与 CAN 协议主要特性对比见表 3-3。

表 3-2　LIN 与 CAN 控制器特性对比

节点	网络传输速度/(kbit/s)	CPU 时钟/MHz	CPU/%	存储容量(Flash/ROM)/B	存储容量RAM/B
LIN 16bit 主节点	19.2	4	10	1200	25
LIN 8bit 从节点(无振荡器)	19.2	4	15	750	22
LIN 8bit 从节点(带振荡器)	19.2	4	6	650	20
CAN 16bit 节点	125	8	15	3000	150

表 3-3　LIN 与 CAN 协议主要特性对比

指标	LIN	CAN
媒体访问控制方式	单主/多从方式	多主方式
典型总线传输速率/(kbit/s)	2.4~19.6	62.45~500
网络典型节点数/个	2~10	4~20
每帧信息数据量/B	2、4、8	0~8
每 4 个字节的发送时间/ms	3.5(20kbit/s 时)	0.8(125kbit/s)
错误检测	8 位累加和	15 位 CRC
物理层	单线,12V	双绞线,5V
石英/陶瓷振荡器	主节点需要,从节点不需要	每个节点需要
网络相对成本	0.5	1

3.2　LIN 总线系统结构

如图 3-3 所示，LIN 总线系统的构成有三个部分：LIN 上级控制单元，即 LIN 主控制单元；LIN 从属控制单元，即 LIN 从控制单元；单根导线。其中主控单元可以执行主任务，也可以执行从任务；从控单元只能执行从任务，总线上的信息传送由主控单元控制。

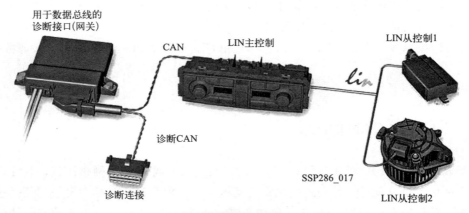

用于数据总线的诊断接口(网关)　CAN　LIN主控制　LIN从控制1

诊断CAN

诊断连接

SSP286_017

LIN从控制2

(a) LIN系统的组成示例

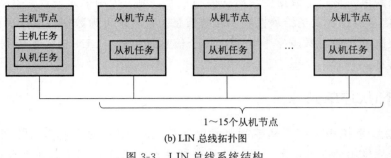

1～15个从机节点

(b) LIN 总线拓扑图

图 3-3　LIN 总线系统结构

3.2.1　LIN 主控单元

(1) LIN 主控制单元的功能

LIN 主控制单元连接在 CAN 数据总线上，执行以下功能：

① 监控数据传输过程和数据传输速率，发送信息标题。

② LIN 主控制单元的软件内已经设定了一个周期，该周期用于决定何时将哪些信息发送到 LIN 数据总线上多少次。

③ LIN 主控制单元在 LIN 数据总线系统的 LIN 控制单元与 CAN 总线之间起"翻译"作用，它是 LIN 总线系统中唯一与 CAN 数据总线相连的控制单元。

④ 通过 LIN 主控制单元进行与之相连的 LIN 从控制单元的自诊断。

(2) LIN 总线的信息结构

LIN 主控制单元控制总线导线上的信息传输情况，LIN 总线的信息结构如图 3-4 所示。

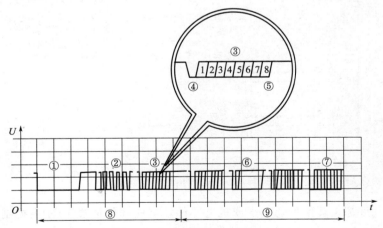

图 3-4　LIN 总线的信息结构

①—同步间隔；②—同步区域；③—标识符；④—起始；

⑤—停止；⑥—数据区域；⑦—校验区；⑧—信息标题；⑨—信息段

每条信息的开始处都通过 LIN 总线主控制单元发送一个信息标题。该信息标题由一个同步相位（同步间隔和同步字节）构成，后面是标识符字节，可传输 2、4 或 8 字节的数据。标识符字节包括 LIN 从控制单元地址、信息长度和用于信息安全的两个位等信息。标识符用于确定主控制单元是否将数据传输给从控制单元，或主控制单元是否在等待从控单元的回应（答复）。信息段包含发送给从控制单元的信息。校验区可为数据传输提供更高的安全性。校验区由主控制单元通过数据字节构成，位于信息结束处。LIN 总线主控制单元以循环形式传输当前信息。

3.2.2　LIN 从控单元

在 LIN 总线系统中，LIN 从控制单元的通信受到 LIN 主控制单元的完全控制，只有 LIN 主控制单元发出命令的情况下，LIN 从控制单元才能通过 LIN 总线进行数据传输。

在 LIN 数据总线系统内，可以把单个控制单元（如新鲜空气鼓风机）或传感器和执行元件（如倾斜传感器或防盗声音报警器）作为 LIN 从控制单元使用。传感器内集成有一个电子装置，该装置对测量值进行分析，其数值由 LIN 总线用数字信号的形式传送。

有些传感器和执行元件只需要使用 LIN 主控制插口上的一个针脚（PIN 脚），即可以实现信息传输（单线传输，如图 3-5 所示）。

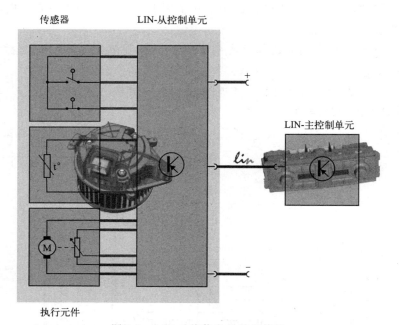

图 3-5　LIN 总线信息的单线传输

LIN 执行元件都是智能型的电子或机电部件，这些部件通过 LIN 主控制单元的 LIN 数字信号接收任务。LIN 主控制单元通过集成的传感器来获知执行元件的实际状态，然后就可以进行规定状态和实际状态的对比，并发出相应的控制指令。只有当 LIN 主控制单元发送出控制指令后，传感器和执行元件才会做出反应（执行主控制单元的控制指令）。

电动遮阳卷帘的控制（如图 3-6 所示）就是按照这个控制原理工作的。

LIN 从控制单元等待 LIN 主控制单元的指令，仅根据需要与主控制单元进行通信。为结束休眠模式，LIN 从控制单元可自行发送唤醒信号。LIN 从控制单元安装在 LIN 总线系统设备上，LIN 从控制单元的特点如下：

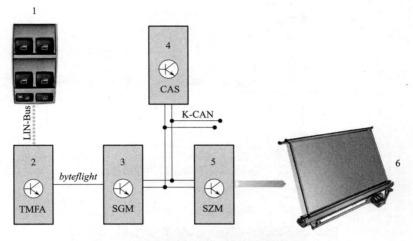

图 3-6　BMW E60 电动遮阳帘的控制

1—驾驶员侧开关组；2—驾驶员侧车门模块 TMFA；3—安全和网关模块；
4—便捷进入及启动系统 CAS；5—中柱开关控制中心 SZM；6—遮阳卷帘

① 接收、传递或忽略与从主系统接收到的信息标题相关的数据。

② 可以通过一个"唤醒"信号唤醒主系统。

③ 检查所接收数据的总量。

④ 检查所发送数据的总量。

⑤ 与主系统的同步字节保持一致。

⑥ 只能按照主系统的要求与其他子系统进行数据交换。

3.3　LIN 总线的数据传输

3.3.1　传输原理

LIN 总线传输数据线是单线，数据线最长可达 40m。在主节点内配置 1kΩ 电阻端接 12V 供电，在从节点内配置 30kΩ 电阻端接 12V 供电。各节点通过电池正极端接电阻向总线供电，每个节点都可以通过内部发送器拉低总线电压。LIN 总线驱动器的物理结构如图 3-7。

① LIN 总线信号　LIN 总线信号波形如图 3-8 所示。

隐性电平：如果所有节点都没有驱动收发器晶体管导通，此时在 LIN 数据总线上的电压就是蓄电池电压，为隐性电平，表示逻辑"1"。

显性电平：当有节点需要向外发送信息时，发送控制单元内的收发器驱动晶体管导通，将 LIN 数据总线导线接地，此时在 LIN 总线上的电压为 0V，为显性电平，表示逻辑"0"。

② 总线电平抗干扰设置　在收发隐性电平和显性电平时，通过预先设定公差值来保证数据传输的稳定性，如图 3-9 所示。为了在有干扰辐射的情况下仍能收到有效信号，接收信号的允许电压值要稍高一些，如图 3-10 所示。

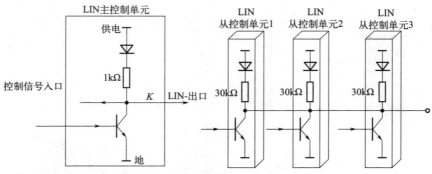

图 3-7　LIN 总线驱动器的物理结构

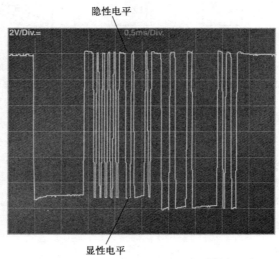

图 3-8　LIN 总线信号波形

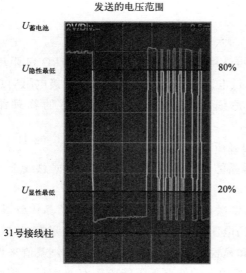

图 3-9　发送信号的电压范围

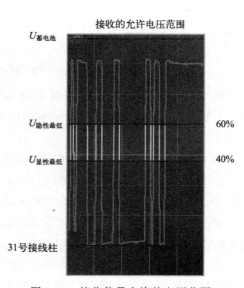

图 3-10　接收信号允许的电压范围

3.3.2　LIN 总线的数据格式

如图 3-11 所示，在 LIN 总线信息中包含两个部分：一部分是由 LIN 主控制器发送的信息标题，另一部分是由 LIN 主控制器或 LIN 从控制器发送的信息内容。发送的信息，所有连接在 LIN 总线上的节点都可以收到。

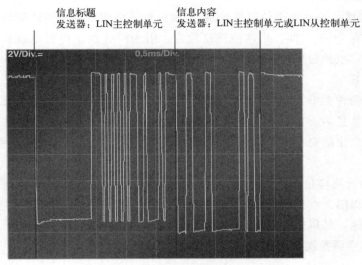

图 3-11　LIN 总线的数据格式

(1) 信息标题

信息标题由 LIN 主控制单元按周期发送。信息标题分为同步暂停区、同步分界区、同步区和识别区四部分，如图 3-12。

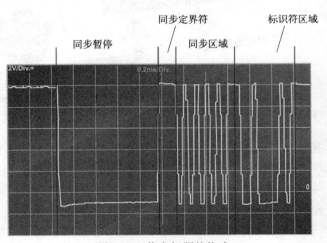

图 3-12　信息标题的格式

① 同步暂停区　同步暂停区的长度至少为 13 位（二进制），它以显性电平发送。这 13 位的长度是必需的，只有这样才能准确地通知所有的 LIN 从控制单元有关信息的起始点的情况。其他的信息是以最长为 9 位（二进制）显性电平来一个接一个传输的。

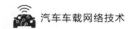

② 同步分界区（同步定界符）　长度至少为 1 位（二进制），且为隐性电平（约等于蓄电池电压）。

③ 同步区域　由 0101010101 这个二进制位序构成，所有的 LIN 从控制单元通过这个二进制位序来与 LIN 主控制单元进行匹配（同步）。所有控制单元的同步对于保证正确的数据交换是非常必要的。如果失去了同步性，那么接收到的信息中的某一数位值就会发生错误，该错误会导致数据传输错误。

④ 标识符区域　长度为 8 位（二进制），前六位是回应信息识别码和数据区的个数，回应数据区的个数在 0～8 之间。后两位是校验位，用于检查数据传输是否有错误。当出现识别码传输错误时，校验位可防止与错误的信息适配，防止传输错误的信息。

（2）信息内容

信息内容有两种类型：一种是从控制单元收到主控制单元发来的信息标题中带有要求从控制单元回应的信息后，LIN 从控制单元根据识别码给这个回应提供的回应信息；另一种是由主控制单元发出的命令信号，相应的 LIN 从控制单元会使用这些数据去执行各种功能，如图 3-13。

① 从控制单元回应信息　如图 3-13 所示，是奥迪 A6 空调系统 LIN 总线的从控制单元回应信息传递流程图，空调电控单元（LIN 总线主控制单元）在 LIN 总线上发送信息标题，查询鼓风机的转速，鼓风机读取标题后将当前的鼓风机转速信息（转速为 150r/min）发送到 LIN 总线上，空调控制电脑得以读取此信息。

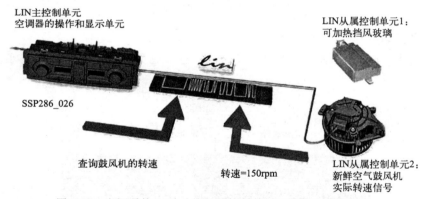

图 3-13　空调系统 LIN 总线的从控制单元回应信息传递流程

② 主控制单元命令信息　如图 3-14 所示，是奥迪 A6 空调系统 LIN 总线的主控制单元命令信息传递流程图，空调电控单元（LIN 总线主控制单元）在 LIN 总线上发送信息标题，调整鼓风机的转速到 200r/min，鼓风机从 LIN 总线上读取标题后将当前的鼓风机转速从 150r/min 调整到目标转速 200r/min。

信息内容由 1～8 个数据区构成，每个数据区最多由 10 个二进制位组成，其中一位是显性起始位和一个隐性停止位。起始位和停止位是用于再同步，从而避免传送错误的。

3.3.3　LIN 总线信息的顺序

LIN 主控制单元的软件内已设定了一个顺序，LIN 主控制单元就按这个顺序将信息标

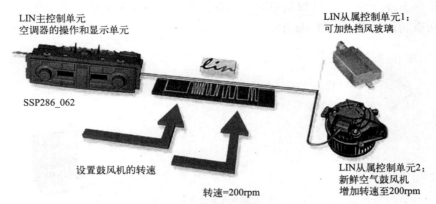

LIN主控制单元
空调器的操作和显示单元

SSP286_062

LIN从属控制单元1：
可加热挡风玻璃

设置鼓风机的转速

转速=200rpm

LIN从属控制单元2：
新鲜空气鼓风机
增加转速至200rpm

图 3-14　空调系统 LIN 总线的主控制单元命令信息传递流程

题发送至 LIN 总线上（如果是主控制信息，发送的则是回应信息），常用的信息会多次传递。LIN 主控制单元的环境条件可能会改变信息的顺序，环境条件举例如下：

① 点火开关接通/关闭。

② 自诊断已激活/未激活。

③ 停车灯接通/关闭。

为了减少 LIN 主控制单元部件的种类，主控制单元将全部装备控制单元的信息标题发送到 LIN 总线上，如果没有安装相应设备控制单元，那么在示波器屏幕上会出现没有回应的信息标题，但这并不影响系统的功能，如图 3-15。

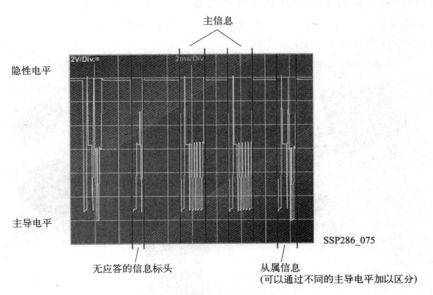

主信息

隐性电平

2V/Div.=　　　2ms/Div

主导电平

SSP286_075

无应答的信息标头

从属信息
（可以通过不同的主导电平加以区分）

图 3-15　没有回应的信息标题

3.3.4 LIN 总线防盗功能

只有当 LIN 主控制单元发送出带有相应识别码的信息标题后，数据才会传至 LIN 总线。由于 LIN 主控制单元对所有信息进行全面监控，因此无法从车外对 LIN 导线进行控制。系统要求 LIN 从控制单元只能回应，这样就不会发生通过 LIN 总线打开车门的现象了。这种设置就使得在车外安装 LIN 从控制单元（如在前保险杠内安装车库门开启装置）成为可能。LIN 总线防盗功能示意如图 3-16 所示。

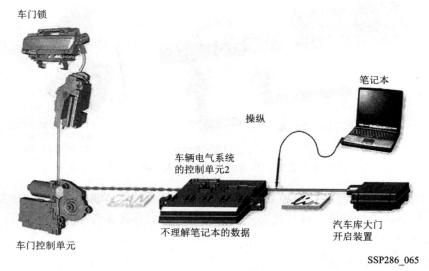

图 3-16　LIN 总线防盗功能示意

3.3.5　LIN 总线的自诊断

（1）利用故障诊断仪 VAS5051 进行故障诊断

当 LIN 总线系统出现故障时，可使用示波器、诊断仪等工量具对 LIN 总线系统进行波形分析和故障诊断和检测，如图 3-17 所示。

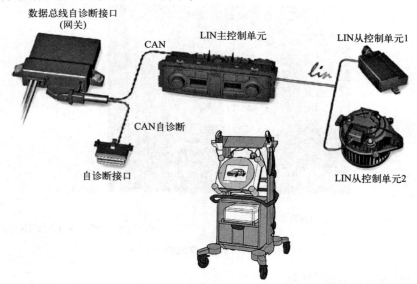

图 3-17　使用故障检测仪诊断 LIN 总线系统故障

对 LIN 总线系统进行自诊断时，需使用 LIN 主控制单元的地址码。自诊断数据经 LIN 总线由 LIN 从控制单元传至 LIN 主控制单元。在 LIN 从控制单元上可完成所有的自诊断功能，如表 3-4 所示。

表 3-4　LIN 从控制单元上可以完成所有的自诊断功能

故障位置	故障内容	可能的故障原因
LIN 从控制单元,如鼓风机调节器	无信号/无法通信	①在 LIN 主控制单元内已规定好的时间间隔内 LIN 从控制单元数据传输有故障 ②导线断路或短路 ③LIN 从控制单元供电有故障 ④LIN 从控制单元或 LIN 主控制单元型号错误 ⑤LIN 从控制单元损坏
	出现不可靠信号	①校验和错误,传输的信息不完整 ②LIN 导线受到电磁干扰 ③LIN 导线的电容和电阻值改变了(如插头壳体潮湿或脏污) ④软件故障(备件型号错误)

LIN 数据总线系统故障原因有以下 3 类：

① 节点故障，主控制单元或从控制单元故障造成 LIN 总线通信故障。

② LIN 数据线出现与电源短路或搭铁短路，造成 LIN 总线通信故障。

③ LIN 数据线出现断路，造成某些节点无法通信的故障。

(2) 故障分析

① LIN 总线短路　无论是 LIN 总线对电源正极短路还是对电源负极短路，LIN 总线都会关闭，无法正常工作。

② LIN 总线断路　LIN 总线发生断路故障时，其功能丧失情况视发生断路故障的具体位置而定。如图 3-18 所示，当 LIN 总线在位置 A 处断路时，其下游的所有从控制单元（图 3-18 中为从控制单元 1 和从控制单元 2）均不能正常工作；当 LIN 总线在位置 B 处断路时，从控制单元 1 将不能正常工作，从控制单元 2 不受影响；当 LIN 总线在位置 C 处断路时，从控制单元 2 将不能正常工作，从控制单元 1 不受影响。根据 LIN 总线发生故障时其功能的丧失情况，结合 LIN 总线控制关系并参阅电路图，就可以判断出发生断路故障的大致位置。

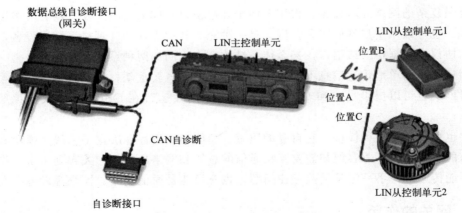

图 3-18　LIN 总线发生断路故障

4

网关与诊断系统

4.1 网关

4.1.1 网关的定义

我们知道，从一个房间走到另一个房间，需要经过一扇门。同理，从一个网络向另一个网络发送信息，也需要经过一道"关口"，这道关口就是网关。顾名思义，网关（gateway，GW）就是一个网络连接到另一个网络的"关口"。

通常一辆车上配置了多种总线和网络，所以必须用一种方法使它们达到共享并且不产生协议间的冲突。作为汽车网络系统的核心控制装置，网关负责协调不同结构和特性的总钱网络之间的协议转换、数据交换、故障诊断等工作。

网关是在采用不同体系结构或协议的网络之间进行互通时，用于提供协议转换、数据交换等网络兼容功能的设备。网关又称网间连接器、协议转换器。网关在传输层上以实现网络互联，是最复杂的网络互联设备，仅用于两个高层协议不同的网络互联。网关既可以用于广域网互联，也可以用于局域网互联。网关是一种充当转换重任的计算机系统或设备，使用不同的通信协议、数据格式或语言，甚至体系结构完全不同的两种系统之间，网关是一个翻译器，与网桥只是简单地传达信息不同，网关对收到的信息要重新打包，以适应目标系统的需求，同时网关也可以提供过滤和安全功能，大多数网关运行在 OSI 7 层协议的顶层——应用层。

网关也可以说是一种模块，它自身的质量、功能和工作性能决定了总线、模块和网络相互间通信的质量。对不兼容但却需要互相通信的总线和网络来说，网关起到了桥梁作用。如果信息不能传递时，不一定是网关存在问题，也有可能是通信链路、模块等设备存在故障。

4.1.2 网关的作用

网关的作用（如图 4-1 所示）主要体现在以下几个方面：

① 网关可以把局域网上的数据转变成可以识别的 OBD-Ⅱ诊断数据语言，方便诊断。

② 网关可以实现低速网络和高速网络的信息共享。

③ 与计算机系统中的网关作用一样，负责接收和发送
信息。

④ 激活和监控局域网络的工作状态。

⑤ 实现汽车网络系统内数据的同步性。

⑥ 对信息标识符进行翻译。

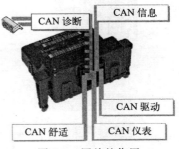

图 4-1　网关的作用

综上所述，网关就是用于连接不同类型的总线系统设
备。如图 4-2 所示，通过网关可以连接具有不同逻辑和物
理性能的总线系统。因此尽管各个总线系统的数据传输速
率不同，网关仍能保证数据交换的正常进行，即不同传输速率的数据总线通过网关得以协同
工作，如图 4-3 所示。

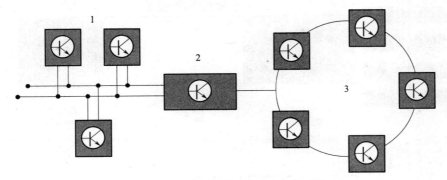

图 4-2　通过网关连接不同的总线系统

1—线形总线系统（如车身总线）；2—网关；3—环形总线系统（如 MOST）

在图 4-3 中，传输速率为 100kbit/s 的 K-CAN（车身 CAN 总线）相当于地铁的速度；
传输速率为 500kbit/s 的 PT-CAN（动力传动系统 CAN 总线）相当于原来绿皮火车的速度；
传输速率为 10Mbit/s 的安全气囊系统总线（byte flight）相当于动车的速度；传输速率为
22.5Mbit/s 的影音娱乐系统总线（MOST）相当于高铁的速度。尽管各个总线系统的数据
传输速率和数据流量都不相同，且差异巨大，但在安全和网关模块（SGM），即火车站的统
筹安排和指挥调度下，却能平稳运行、协同工作。

如图 4-4 所示，不同总线系统的输出数据到达网关后，网关要对其做进一步的处理。在
网关中过滤各个信息的速度、数据量和紧急程度，并在必要时进行缓冲存储，同时还要做故
障的监控和诊断工作。

4.1.3　网关的工作原理

可以用火车站转换旅客的过程（如图 4-5 所示）来说明网关的工作原理。

如图 4-6 所示，在某车站，站台 A 到达一列动车组（驱动 CAN 总线，数据传输速率为
500kbit/s），车上有数百名旅客。在站台 B 上已经有一辆普快列车（舒适/信息 CAN 总线，
数据传输速率为 100kbit/s）在等待，有一些乘客要换乘到这辆火车上，有一些乘客要换乘

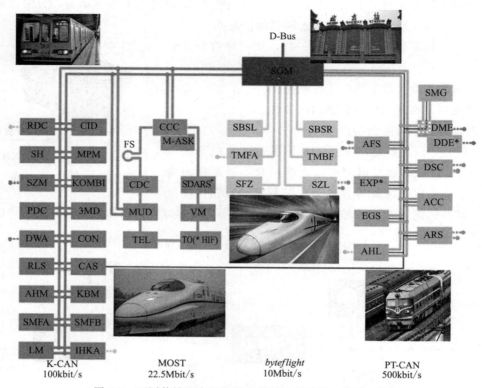

图 4-3　不同传输速率的数据总线通过网关得以协同工作

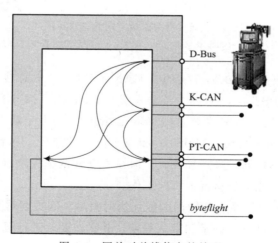

图 4-4　网关对总线信息的处理

动车继续旅行。当然更多的时候是乘客从这一列火车上下来，到候车厅去等待相应的车次，相当于网关的信息缓冲作用。

　　车站的换乘功能可以通过速度不同的交通工具到达各自目的地，与驱动 CAN 总线和舒适/信息 CAN 总线两系统网络的网关功能是相同的。网关的主要任务是使两个数据传输速率不同的系统之间能正常进行信息交换。

图 4-5　网关的作用与火车站相似

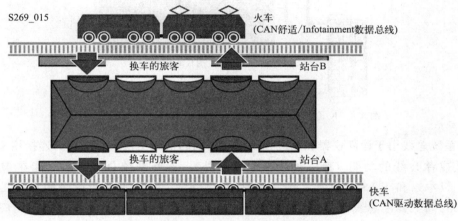

图 4-6　旅客换乘火车与网关的数据交换过程对比

4.1.4　大众迈腾 B8 网关简介

大众迈腾 B8 的数据总线诊断接口（网关）安装在仪表板下方，如图 4-7 所示，它与驱动 CAN 总线、舒适 CAN 总线、信息娱乐 CAN 总线、底盘传感器 CAN 总线、扩展 CAN 总线、诊断 CAN 总线、LIN 总线等系统连接。

图 4-7　数据总线诊断接口 J533 的安装位置

1—数据总线诊断接口 J533；A—20 芯插头连接

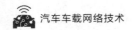

4.2 诊断总线

4.2.1 K诊断总线

2000年以前，奥迪、大众车系使用K诊断总线（简称K-线）传输故障信息。K-线用于汽车故障诊断仪与相应控制单元之间的信息交换，负责网关与故障诊断接口之间的通信（如图4-8所示）。

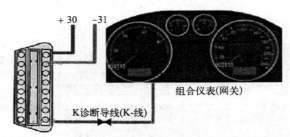

图4-8　K诊断总线负责网关与诊断数据接口之间的通信

诊断系统总线用于诊断仪器和相应控制单元之间的信息交换，与网关的连接用来代替原来的K-线或者L-线的功能（废气处理控制器除外）。诊断系统总线目前只能在VAS5051（3.0以上版本）和VAS5052下工作（如图4-9所示），而不适用于原来的诊断工具，如V.A.G1552等，诊断总线通过网关转接到相应的CAN总线上，然后再连接到相应的控制器上进行数据交换，如图4-10所示。

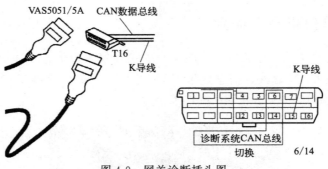

图4-9　网关诊断插头图

故障信息存储在控制单元的存储器中，将故障检测仪连接到故障诊断接口上，也就实现了故障检测仪与K-线的连接。由此，就可以读出相应的故障信息，并进行故障诊断（如图4-11所示）。

4.2.2 大众车系的诊断CAN总线

(1) "虚拟K线"——诊断CAN总线

随着汽车技术的不断进步，汽车上的控制单元越来越多，诊断系统需要传输的数据量也

108

越来越大，K-线已经无法满足信息传输流量和传输速度的要求。

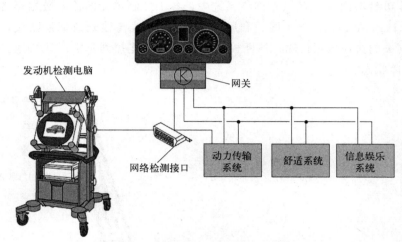

图 4-10　诊断总线通过网关连接各控制器

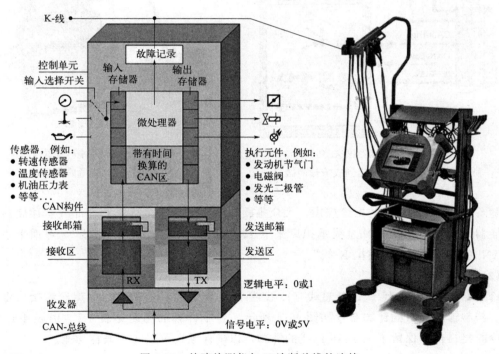

图 4-11　故障检测仪与 K 诊断总线的连接

　　2000 年后，奥迪车系、大众车系开始采用汽车诊断、测量和信息系统 VAS5051 或汽车诊断和服务信息系统 VAS5052 来进行自诊断，并通过诊断 CAN 总线完成诊断控制单元和车上其他控制单元之间的数据交换。早期使用的诊断导线（K 线或 L 线）就不再使用了（与废气排放监控相关的控制单元除外），由诊断 CAN 总线取而代之。

　　诊断 CAN 总线也是未屏蔽的双绞线，其横截面面积为 $0.35\mathrm{mm}^2$。CAN-L 导线是橙/棕色，CAN-H 导线是橙/紫色。在全双工模式时，数据传输速率为 500kbit/s。也就是说，诊断 CAN 总线可以双向同时传输数据。

如图 4-12 和图 4-13 所示的汽车网络系统中，各个控制单元的诊断数据经各自的数据总线传输到网关 J519 或 J533，再由网关利用诊断 CAN 总线传输到故障诊断接口。通过诊断 CAN 总线和网关的快速数据传输，诊断控制单元就可在连接到车上后，快速显示出车上所装元件及其故障状态。

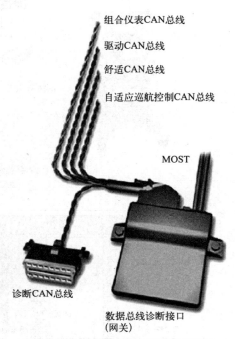

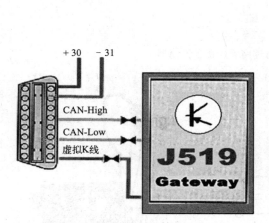

图 4-12　诊断数据经网关 (J519)
利用诊断 CAN 总线传输到故障诊断接口

图 4-13　诊断数据经网关利用诊断
CAN 总线传输到故障诊断接口

随着诊断 CAN 总线的推广应用，大众集团已经逐步淘汰控制单元内部故障存储器（K-线存储器），因此诊断 CAN 总线承担原来 K-线的任务。为了"纪念 K-线"，习惯上也将诊断 CAN 总线，称之为"虚拟 K-线"。

（2）新型诊断接口

诊断 CAN 总线取代 K 诊断总线（K-线或 L-线）之后，对车上的故障诊断接口也做了改进。新型诊断接口的针脚布置如图 4-14 所示，各个针脚的用途见表 4-1。由表 4-1 可见，新型诊断接口仍然保留了 K-线和 L-线的针脚，以确保系统可以向下兼容功能。

表 4-1　新型诊断接口的针脚用途

针脚/Pin	导线	针脚/Pin	导线
1	15 号接线柱	7	K-线
2、3	暂未使用	8～13	暂未使用
4	接地（搭铁）	14	诊断 CAN 总线（CAN-L 导线）
5	接地（搭铁）	15	L-线
6	诊断 CAN 总线（CAN-H 导线）	16	30 号接线柱

采用诊断 CAN 总线和新型诊断接口之后，除了需要对汽车故障诊断仪（如 VAS5051）进行软件升级之外，还需要使用新的诊断连接导线（用于连接新型诊断接口和汽车故障诊断仪）。这种与诊断 CAN 总线匹配的新诊断连接导线（如图 4-15 所示）有两种规格，其代号分别为 VAS5051/5A（长 3m）和 VAS5051/6A（长 5m）。

图 4-14　新型诊断接口的针脚布置　　图 4-15　与诊断 CAN 总线匹配的新的诊断连接导线

图 4-16 为汽车故障诊断仪 VAS5051 与故障诊断接口的连接示意图，从中既可以看出诊断连接导线的作用（用于连接新型诊断接口和汽车故障诊断仪），又可以看出故障信息的传输过程。

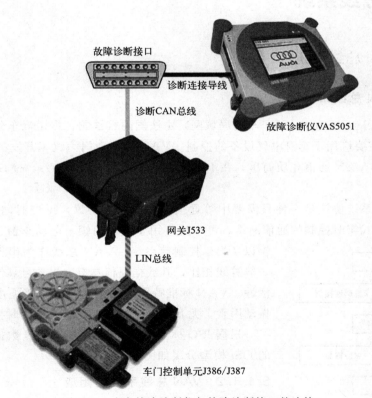

图 4-16　汽车故障诊断仪与故障诊断接口的连接

5

其他车载总线系统

5.1 子总线系统

5.1.1 VAN 总线系统

5.1.1.1 VAN 总线系统概述

VAN(vehicle area network，车辆局域网）由法国的雪铁龙、雷诺汽车公司和标致集团联合开发，它主要应用于车身电气设备的控制。VAN 作为专门为汽车开发的总线，1994 年成为国际标准。VAN 通信介质简单，在 40m 内传输速率可达 1Mbit/s，按 SAE 的分类应该属于 C 类。

VAN 总线系统协议是一种只需要中等通信速率的通信协议，反应时间大约是 100ms。VAN 支持分布式实时控制的通信网络，可广泛应用于汽车门锁、电动车窗、空调、自动报警以及娱乐控制等系统。VAN 总线作为串行通信网络，与一般总线相比，其数据通信具有突出的可靠性、实时性和灵活性。VAN 标准特别考虑了严峻的环境温度、电磁干扰和振动因素，尤其适用于需要现场总线的实时控制系统。

根据 ISO 标准中的 OSI 模型，VAN 数据总线系统协议的 OSI 模型分层如图 5-1 所示。

5.1.1.2 VAN 总线系统的组成

(1) 典型的 VAN 结构

VAN 总线系统协议的研发是出于连接各个复杂通信系统的目的，同时也是为了使简单元件和支线连接成总线，以保证网络传输的节奏。VAN 总线系统的典型结构如图 5-2 所示。

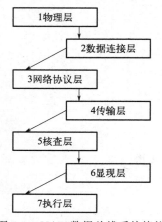

图 5-1 VAN 数据总线系统协议的 OSI 模型分层

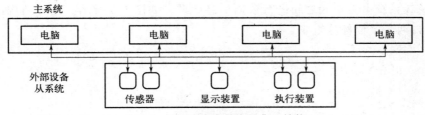

图 5-2　VAN 总线系统的典型结构

（2）拓扑结构

拓扑也就是 VAN 总线系统协议所允许的各个电脑之间的排列方式。电脑通常按照总线—树形或者总线—树形—星形的拓扑方式相互连接，如图 5-3 所示。

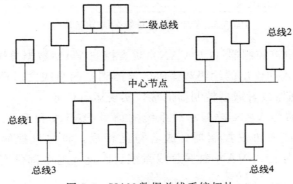

图 5-3　VAN 数据总线系统拓扑

（3）传输介质

VAN 总线的信号传输常用双绞线，一般情况下每个电控单元只对应一个双绞线的传输介质。两根导线被称为 DATA 和 DATA B（对应于 CAN 总线中的 CAN-H 导线和 CAN-L 导线），任何一根导线都可以将 VAN 的信息传输到显示屏或者收放机上。VAN 的数据导线既可以采用铜质双绞线，也可以采用同轴电缆，还可以采用光导纤维（光纤或光缆）。

VAN 总线的 DATA 数据导线和 DATA B 数据导线电压如图 5-4 所示，不难看出，与控制器局域网 CAN 一样，VAN 也采用差动信号传输方式，抗干扰能力强，且有良好的容错能力。同时，VAN 总线在一条导线出现故障的情况下，还具有单线工作能力。

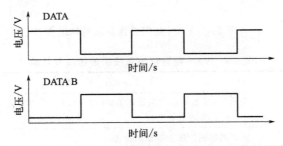

图 5-4　VAN 总线的 DATA 数据导线和 DATA B 数据导线电压

（4）节点结构

一个 VAN 数据总线系统电控单元拥有一个标准接口（VAN 标准），以便于与其他

VAN 数据总线系统电控单元之间进行数据信息处理，如图 5-5 所示。这种结构由协议控制器和线路接口两个主要部分组成。

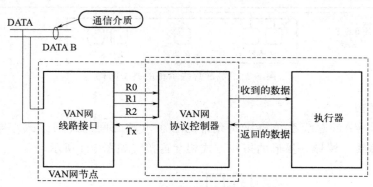

图 5-5　VAN 数据总线系统节点结构

① 协议控制器　协议控制器（CP VAN）负责控制 VAN 数据总线系统协议中的下述重要功能：VAN 信息输入和输出的编码和译码、检测到空闲总线之后即进入该总线、冲突管理、错误管理与微处理器或者微型控制器的接口实现运行任务。

② 线路接口　负责将 VAN 数据总线系统的信号 DATA 和 DATA B 翻译成无干扰的 R0、R1 和 R2 信号，传入协议控制器。或者与此相反，将协议控制器的 Tx 信号翻译成 DATA 和 DATA B 信号传入 VAN 数据总线系统。因此，这个部件有两个重要作用，即翻译和保护。

（5）帧结构

一个 VAN 数据总线系统的帧由 9 个域组成，如图 5-6 所示，其组成及功能见表 5-1。

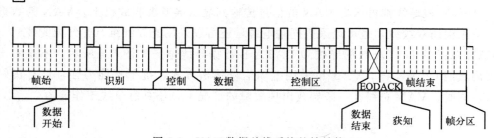

图 5-6　VAN 数据总线系统的帧结构

表 5-1　VAN 数据总线系统帧的组成及功能

域的名称	英文缩写	功能
帧始域	SOF	表示 VAN 数据总线系统帧结构的起始，它的作用是允许 VAN 支线外部设备自动适应 VAN 总线的速度
识别域	IDEN	标明数据的性质和数据的接收者
控制域	COM	标明帧的类型（读或写）以及分类传输模式（点对点或者数据发散，也就是说是否需要签收回复命令）
数据域	DAT	包含有用的数据信息

域的名称	英文缩写	功能
控制区域	CRC	检验 VAN 帧内容的完整性
数据结束域	EOD	标示出数据域的结束和校验的结束
获知域	ACK	用于存储数据接收者的数据的签收回复
帧结束域	EOF	标示出 VAN 帧的结束和组成空余总线的第 1 部分
帧分区域	IFS	保障帧之间的最小空间以及组成空余总线的第 2 部分

(6) 传输模式

VAN 数据总线系统拥有 3 种可行的传输模式，见表 5-2。

表 5-2　VAN 数据总线系统的传输模式

模式	功能介绍
定时传输模式	VAN 数据总线系统定期向网络传送信息，在此期间必须保证时间不是太短，以便于这项信息接收者有足够时间取舍每条发送的信息
事件传输模式	适用于传输 VAN 数据总线系统信息数据交换（视使用者的行为而定）
混合模式	定时传输模式和事件传输模式的混合，把前两种传输模式组合起来使用，以便于保证对使用者所有操作的一个最大限度的回应，确保可以随时刷新信息

(7) 进入传输介质

VAN 数据总线系统电控单元进入传输介质依靠随机方式和异步方式，这表明这种进入可以根据需要和执行的本地命令随时进行。协议控制器遵守最基本的准则。

① 在进入 VAN 数据总线系统时必须先检测它是否空闲。如果总线能够连续读取 12 位的隐性数据即被视为空闲。在这种情况下，不论是 VAN 数据总线系统的哪种电控单元都能够传送和接收信息。

② 在两个或者更多的 VAN 数据总线系统电控单元同时进入网络的情况下，就会有冲突，必须判断优先性。

(8) 服务

VAN 数据总线系统电控单元拥有 4 项通信服务。

① 用发散模式写入数据（将数据从一个数据制造者发往多个数据使用者），不在帧内签收回复。

② 用点对点模式写入数据（将数据从一个数据制造者发往一个确切的数据使用者），在帧内采用签收回复。

③ 数据请求（一个数据使用者向一个数据制造者发出数据请求）。

④ 帧中的回应（在同一帧中对一个请求的回应）或者是滞后回应（如果数据制造者没有在提出请求时马上回应）。

这些服务允许多主控策略（数据发散服务的使用）和单总线—多支线策略（点对点写入，以及在帧里面请求和回应）。

(9) VAN 数据总线系统签收回复

VAN 数据总线系统的签收回复是由数据发送者激活和实现的。如果最后一个请求与一个确切的电控单元相连接（点对点模式），它将激活签收回复命令。在这种情况下，单一电控单元将会检测帧的格式是否正确，以及回应一个发给它的信息（识别域将进行核实），以产生一个对这个帧的回复；没有涉及此交换的其他电控单元则不应该产生回复。相反的，如果这最后一个请求与几个电控单元或网络中的电控单元整体相连接，它将取消回复命令，在这种情况下，所有的电控单元将不会产生回复，只有相关电控单元处理这些信息。因此，VAN 数据总线系统协议同样适用于数据发散模式和点对点交换模式。

5.1.1.3 VAN 总线的物理层

（1）互补数据对

VAN 总线的物理层由互补数据对组成（通信介质是铜线），其两条线分别为 DATA 和 DATA B。在 DATA 线和 DATA B 线上同时传送相反且互补的信息，由于线路中的两条线比较靠近且呈双绞状，电磁半径较小，电磁力互相抵消，VAN 总线的物理层入口的差逻辑计算器可以将干扰消除，如图 5-7 所示。

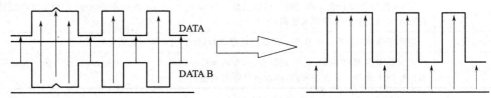

图 5-7　VAN 互补数据对干扰的消除

由此，可得到总线的基本特征。

① 作为帧的传输载体，总线由两条绝缘截面积为 $0.6mm^2$ 的铜线组成。

② 这两条线被称为数据线 DATA 和数据线 DATA B，传输相反的电平信号。

③ 为了抵抗总线中帧发射的电磁干扰，这两条线被绞在一起，呈双绞状。

（2）电压水平

VAN 总线互补数据对的电压水平是统一的，信号上升和下降的时间如图 5-8 所示。示波器显示的 VAN 信号如图 5-9 所示。互补数据对形式的 VAN 信号如图 5-10 所示。VAN 总线信号接收和传输电路如图 5-11 所示。VAN 总线信号的接收过程如图 5-12 所示。VAN 总线信号的传输过程如图 5-13 所示。

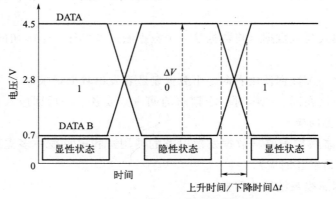

图 5-8　VAN 总线互补数据对的信号形式

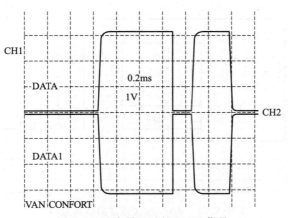

图 5-9　示波器显示的 VAN 信号

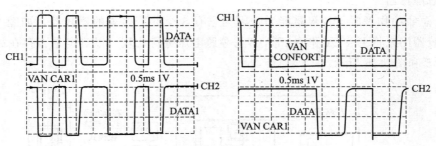

图 5-10　互补数据对形式的 VAN 信号

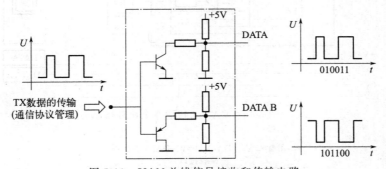

图 5-11　VAN 总线信号接收和传输电路

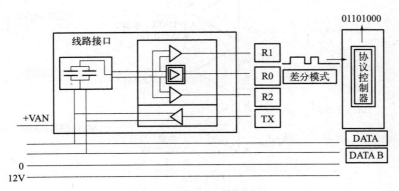

图 5-12　VAN 总线信号的接收过程

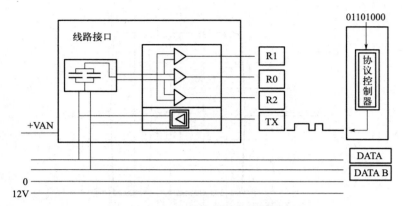

图 5-13　VAN 总线信号的传输过程

（3）故障诊断

VAN 总线的物理层具备容错能力，因为它有 3 个共用模式的比较器，如图 5-14 所示。这 3 个比较器用来将 DATA 和 DATA B 与参照电压进行比较，以确定是否存在故障，其原理如图 5-15 和图 5-16 所示。

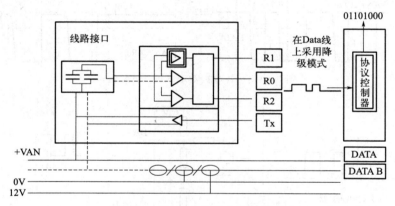

图 5-14　VAN 入口的 3 个比较器

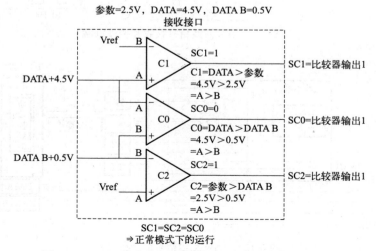

图 5-15　VAN 接收接口比较器进行参数比较的原理（1）

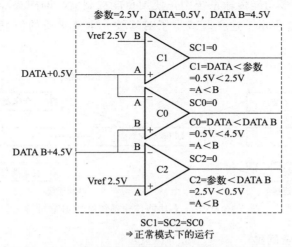

图 5-16 VAN 接收接口比较器进行参数比较的原理（2）

在这种情况下，3 个比较器中至少有一个总是能保持运转的，故障形式如下：①DATA 地线短路——在 DATA B 运行；②DATA 正极短路——在 DATA B 运行；③DATA B 地线短路——在 DATA 运行；④DATA B 正极短路——在 DATA 运行；⑤DATA 上呈开路——在 DATA B 运行；⑥DATA B 上呈开路——在 DATA 运行。

VAN 的物理层不能容忍的故障为 DATA 和 DATA B 出现相互短路，这将导致真正的 VAN 数据总线系统故障。VAN 数据总线系统的故障模式如图 5-17 所示。

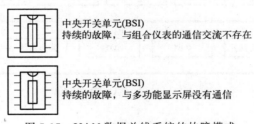

图 5-17 VAN 数据总线系统的故障模式

（4）休眠/唤醒

VAN 的物理层管理 VAN 数据总线的休眠/唤醒机制，为了实现这种机制，VAN 数据总线的线路接口提供 3 个主要接头以便完成以下功能：

① 控制由驾驶人操作引起的网络唤醒（如车辆解锁）。

② 检测由另一个计算机造成的网络唤醒和允许正常功能运行。

③ 车辆从解除休眠状态情况下再次转入休眠状态。

5.1.1.4 VAN 总线在汽车上的应用

VAN 总线在汽车上的应用形式主要有两种：一种为单一的 VAN 网络，另一种为 VAN-CAN 混合网络。其中，单一的 VAN 网络为多路传输系统。

（1）单一的 VAN 网络

早期开发的车载 VAN 舒适网主要用于汽车舒适性调节，比如空调、报警、导航、CD 机、收放机、组合仪表、多功能显示屏、门锁、车窗、车灯等。主要应用车型有塞纳和毕加索。现在应用的 VAN 多功能传输系统中，使用智能控制盒，即中央控制计算机对各控制单元进行控制，如图 5-18 所示。这样既减少了对驾驶人本身素质的依赖，又提高了驾驶和乘车的舒适性及安全性。

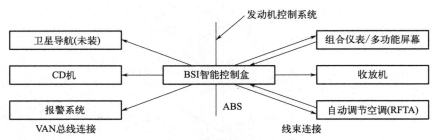

图 5-18　VAN 多功能传输系统结构示意图

（2）VAN-CAN 混合网络

为了满足市场对更多功能和更高舒适度的高级车辆的需求，市场上又出现了 VAN-CAN 双网并存的轿车（如图 5-19 所示）。CAN 总线为多主系统网络，用于机械功能、发动机和底盘等。VAN 舒适网用于仪表、收放机、空调控制、导航系统等，为多主控式网络，传输速率为 125kbit/s。CAN 和 VAN 这两种网络都具有可靠性、简单性和经济性。其中 CAN 网络往往用于连接轿车中实时控制的功能控制系统，VAN 多用于连接车身中的功能控制系统。

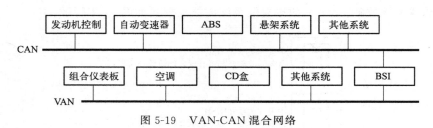

图 5-19　VAN-CAN 混合网络

5.1.2　车载蓝牙系统

（1）蓝牙技术简介

蓝牙技术（BluetoothTM）是一种短距离无线数据与语音通信的开放性全球规范。蓝牙，是一种支持设备短距离通信（一般 10m 内）的无线电技术，能在包括移动电话、PDA、无线耳机、笔记本电脑、无线鼠标、计算机相关外设等众多设备之间进行无线信息交换。

拓展阅读　🌐 **蓝牙名称起源**

　　"Bluetooth"直译为"蓝色牙齿"的意思，简称"蓝牙"。蓝牙是 10 世纪丹麦一位国王哈拉尔德 Harald Bltand 的绰号。绰号的原因是这位国王爱吃蓝莓，所以牙齿常带着蓝色。

　　蓝牙技术的目标是实现各种电子设备之间的无线连接和数据传输，而蓝牙国王在历史上也是以统一现在的挪威和丹麦而闻名。20 世纪 90 年代，英特尔工程师 Jim Kardach 试图为这项技术命名，当他偶然翻阅维京历史时，一块刻有符文的石头引起了他的兴趣，这块石头记载了 10 世纪哈拉尔蓝牙国王团结丹麦征服挪威的功绩。Kardach 因此得到灵感，便将无线传输这项技术命名为"Bluetooth"。

　　蓝牙技术是 1998 年 5 月，由 5 家世界著名的大公司——爱立信（Ericsson）、诺基亚（Nokia）、东芝（Toshiba）、国际商用机器公司（IBM）和英特尔（Intel）联合宣布的一项无线电技术，是建立通用的无线电空中接口及其控制软件的公开标准，使通信和计算机进一步结合，使不同厂家生产的便携式设备在没有电线或电缆相互连接的情况下，能在近距离范围具有互用、相互操作的性能。

　　蓝牙标志 logo 的设计取自哈拉尔德蓝牙国王名字的首字母 H 和 B，将古代北欧字母 H 和 B 结合起来，就构成了蓝牙技术的标志，如图 5-20 所示。

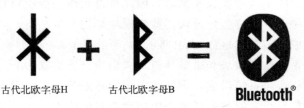

古代北欧字母H　　　　古代北欧字母B

图 5-20　蓝牙标志的设计

（2）蓝牙技术的特点

　　① 蓝牙技术使用全球通用的 2.40GHz 到 2.48GHz 频段的无线电波，属于 ISM 频段，该频段在世界范围内的工业、科学、医学领域无需协议或付费。

　　② 蓝牙装置微型模块化。由于所使用波长特别短，可将天线、控制器、编码器、发送器和接收器均集成在蓝牙微型模块内。

　　③ 蓝牙设备之间的数据传输无需复杂设定。

　　④ 蓝牙技术采用时分双工传输方案实现全双工传输，其数据传输速率高，可达 1Mbit/s，有效传输距离为 10～100m。

　　⑤ 蓝牙技术具有很好的抗干扰能力。工作在 ISM 频段的无线电设备有很多种，如家用微波炉、医院的理疗设备等，为了很好地抵抗来自这些设备的干扰，蓝牙采用了跳频技术抗干扰。跳频技术是把频带分成若干个跳频信道。在一次连接中，无线电收发器按一定的码序列（一定的规律）不断地从一个信道"跳"到另一个信道，只有收发双方是按这个规律进行通信的，而其他的干扰不可能按同样的规律进行干扰，使干扰可能的影响变成很小。

　　⑥ 同时支持同步通信和异步通信。

　　⑦ 低功耗、通信安全性好、组网简单方便、支持语音传输。

　　⑧ 在有限范围内可越过障碍物进行连接，没有特别的通信视角和方向要求。

（3）车载蓝牙系统的组成与原理

　　汽车系统和蓝牙技术相结合，将会给汽车的生产和服务带来更大的方便。如果进一步和移动电话、互联网连接起来，车主在任何时间、任何地点都可以了解汽车的状况，并给予必要的控制。

通过车载网络系统，驾驶人和乘客能够在车上发送电子邮件以及从事网络上各种活动，如电子商务和网上购物、股市行情和天气预报等。另外，Microsoft 公司还推出了专门为"车上网"设计的 AuloPC 软件。该软件采用 Windows CE 操作系统，具有交互式语言识别等各种多媒体功能，能有效地保障汽车行车安全，使驾驶人在手不离方向盘、眼不离行驶前方的情况下，与 PC 机系统交换各种信息，如行车前方的交通状况、有无堵车和最短时间导航等。还可以在车上收发 E-mail、打网络电话和进行其他上网活动。通用公司不但开发了"车上网"系统，而且还开发了车载自动化办公系统。由于该系统采用超高速光纤串行数据通道（MML），因此具有多路数字式影音能力，可有效地调控多信道、大容量的输入和输出信号，如 CD、DVD、显示器、电视接收天线、音响和全球卫星定位导航系统都要与该系统交换信息。

① 车载蓝牙系统的组成　蓝牙系统由蓝牙模块、蓝牙协议、应用系统和无线电波组成。由于蓝牙技术使用的无线电波的波长非常短，因此可将天线、控制装置、编码器、发送器和接收器集成在一个模块上，简称蓝牙模块。蓝牙模块结构非常小巧，可以很方便地将其安装在移动装置内，或集成在适配器（如 USB 等）内。

例如，蓝牙耳麦是由蓝牙模块和微型耳机、微型传声器集成为通信的一方，通信的另一方是由蓝牙模块和车载音箱系统组成，乘员戴着蓝牙耳麦听音乐，没有电线，很方便。再如轮胎中压力传感器的信号也是通过蓝牙模块中的发送器传给固定在车架上的蓝牙模块中的接收器，再经有线通信传给电控单元，监视轮胎内的压力，保证行车安全。

蓝牙模块结构如图 5-21 所示，它由微处理器（CPU）、无线收发器（RF）、基带控制器（BB）、程序存储器、数据存储器、通用异步收发器（UART）、通用串行接口（USB）及蓝牙测试模块组成。

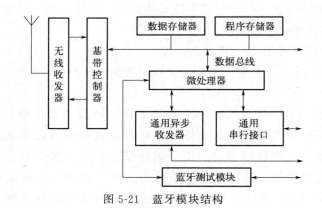

图 5-21　蓝牙模块结构

其中，基带控制器是蓝牙模块中的关键模块，其主要功能是在 CPU 控制下实时处理数据流，如对数据分组、加密、解密、校验、纠错等；程序存储器用于存放蓝牙技术的协议软件；数据存储器用于存放要处理的数据；射频收发器负责接收或发送高频通信无线电波；通用异步收发器和通用串行接口是蓝牙模块与主机控制器连接的两种接口方式，可根据连接方式选择；测试模块除具有测试功能外，还提供有关认证和规范，为可选模块。

② 数据传输　蓝牙系统采用无线电波方式传输数据，其频率为 $2.40\sim2.48GHz$，数据传输速率可达 1Mbit/s，支持 1 个异步数据通道或 3 个并发同步语音通道。蓝牙发射器的有效距离为 10m；若外加放大器，其有效距离可达 100m。

蓝牙模块将数据分成短而灵活的数据包，其时间长度为 $625\mu s$，用一个 16 位大小的校验和数来检查数据包的完整性，如有干扰，自动再次发送数据包，使用一个稳定的语言编码，将语言转换成数字信号。

③ 数据安全性　蓝牙技术非常重视对传送数据的保护，如数据的处理和防窃听。数据是用 128 位长的电码来编制代码的，接收器的真实性也由一个 128 位电码来校验，这时各装置用一个密码来识别彼此。蓝牙技术的有效作用距离比较短，对数据的处理操作也只能在该范围内进行，从而提高了数据的安全性。蓝牙系统中还采用抗干扰措施提高数据流免受干扰的能力。此外，生产厂家还可通过使用更复杂的编码方式、不同的安全等级和网络协议等来提高数据的安全性。

（4）蓝牙技术在汽车上的应用

① 汽车中的蓝牙无线网

车载蓝牙网络主控设备称为蓝牙基站，蓝牙基站集成在车载网络的网关内，与 CAN 总线、MOST 总线和 LIN 总线等可以进行数据交换。蓝牙基站与车内的蓝牙节点建立蓝牙无线网络，较完全的车载蓝牙网络可以实现以下功能：

a. 接收车内智能传感器的数据。

b. 向车内智能执行器发送控制数据。

c. 建立车内语音无线通信，用车内无绳电话和移动电话与外界通话。

d. 建立车内视音频无线娱乐信号传送，用蓝牙耳机听音乐。

e. 建立车内与车外互联网的通信，可以浏览互联网，发电子邮件。

f. 建立与汽车维修服务站和维修工程师的计算机通信。

如图 5-22 所示，是汽车网络中蓝牙节点的示意图，黑色小方块代表蓝牙节点。汽车的每个车门、座椅和操纵轮都有灵活的电缆，而这些灵活的电缆常常会出现问题，解决的方法是可以采用蓝牙无线控制。轮胎内的压强也可用嵌入在轮胎内的微型蓝牙模块监控。蓝牙技术还有如下应用：在汽车后部乘员区安装第二个电话；完成便携式计算机、掌上电脑、手机与互联网的连接，以实现信息传输和娱乐；通过用户的便携式计算机和掌上电脑收发 E-mail；实现助车加热装置的遥控；连接蓝牙后视镜等。蓝牙后视镜就是在汽车后视镜上引入蓝牙技术，使传统的后视镜增加了免提通话功能。同时，有来电打入时，还会在后视镜上显示来电号码，如图 5-23 所示。

② 蓝牙技术与汽车维修

车载蓝牙基站具有对外无线通信和交流数据的功能。

a. 当汽车进入服务站时，它的蓝牙站和服务站主计算机建立连接。

b. 服务站主计算机可以下载一些需要的汽车技术信息和故障信息，为维修和服务提供依据。

c. 维修人员在给汽车维修或服务时，维修人员的诊断测试仪或 PC 机可以与汽车上的蓝牙基站建立连接，维修人员可以监控和操作汽车的传感器及电控单元，控制和调节一些功能，如灯、窗户、发动机参数等，也可为任何电控单元下载最新版本的控制软件。

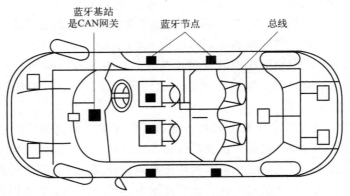

图 5-22　汽车网络中的蓝牙节点示意图

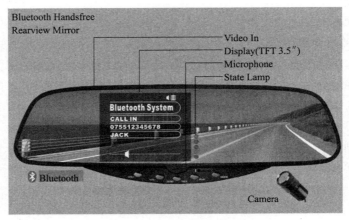

图 5-23　蓝牙后视镜

③ 蓝牙技术与汽车行驶管理

汽车行驶管理可采用蓝牙技术和互联网技术，实现车、路、人的联网管理。

在机动车道路上设道路蓝牙监控站，汽车在行驶时将身份信息、驾驶人信息和车况车速等信息自动发送给道路蓝牙监控站，道路蓝牙监控站可对超速的汽车控制，限定其速度。交通警察可手持便携式蓝牙监控器，只要对着行驶或停止的汽车发出指令，就可采集到该汽车的身份信息、驾驶人信息和车况车速等信息。对违章的汽车，系统在必要时可以发出强制指令，使该汽车熄火并制动。

④ 车载蓝牙免提系统的功能

车载蓝牙免提系统是专为行车安全和舒适性而设计的，其主要功能是自动辨识移动电话，不需要电缆或电话托架便可与手机联机。使用者不需要触碰手机（双手保持在转向盘上）便可控制手机，用语音指令控制接听或拨打电话，使用者可以通过车上的音响、蓝牙或无线耳机进行通话，或选择通过车上的音响或蓝牙无线耳机进行通话，当有来电或拨打电话时，车上音响会自动静音，通过音响的扬声器/传声器进行语音传输。若选择蓝牙无线耳机进行通话，只需要耳机处于开机状态，当有来电时按下接听键就可以实现通话。

5.2　光学总线系统

5.2.1　MOST 总线系统

5.2.1.1　光纤传输原理及维护

（1）光纤传输原理

① 光纤传输的优点

a. 在现在的高档车中数据语言和图像的传输方面要传输的数据量越来越大，光纤能传输大量数据，还有重量轻、维修方便的优势。

b. 使用铜导线进行数据传输时，数据传输率较高时会形成很强的电磁辐射，这些辐射会干扰车辆的电控系统的正常工作。光纤传输的是光线，借助光波在显著提高传输速度的同时，仅需要较少的缆线。与铜导线传输的电信号相比，光波的波长十分短，不会产生电磁干扰，而且对电磁干扰不敏感。这种传输方式使光纤具有

图 5-24　光纤传输 650nm 的可见红光

较高的传输速率和抗干扰能力。产生出的光波波长为 650nm，是可见红光，如图 5-24 所示。

② 光学传输原理　光纤控制单元的内部结构如图 5-25 所示。

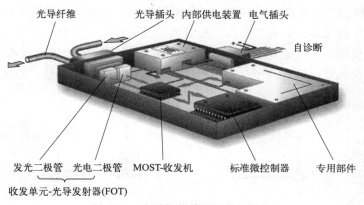

图 5-25　光纤控制单元的内部结构

光导插头：光信号通过该插头进入控制单元，或产生的光信号通过该插头传往下一个总线用户。

电气插头：该插头用于供电、自诊断以及输入/输出信号。

内部供电装置：由电气插头送入的电再由内部供电装置分送到各个部件。这样就可单独关闭控制单元内某一部件，从而降低了静态电流。

收发机：由发射机和接收机两个部件组成。发射机将要发送的信息作为电压信号传至光导发射器。接收机接收来自光导发射器的电压信号，并转换成相关的数据传至控制单元内的标准微控制器（CPU）。

收发单元-光导发射器（FOT）：该装置由一个光电二极管和一个发光二极管构成。到达的光信号由光电二极管转换成电压信号后传至 MOST 收发机。发光二极管的作用是把 MOST 收发机的电压信号再转换成光信号，产生出的光波波长为 650nm，是可见红光。

a. 光信号的发送　如图 5-26 所示，光信号的传输类似于电信号的传输，发光二极管将收发机送来的数字信号转化为光信号（如数字信号为 010101，转化成光信号为亮灭亮灭亮灭）。这些光信号通过光纤传到下一个控制单元后，由该控制单元内部的光电二极管将光信号重新转化为数字信号。

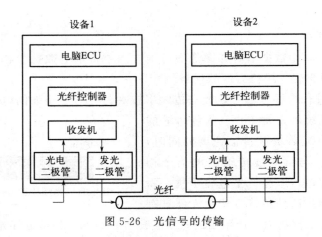

图 5-26　光信号的传输

b. 光信号的接收　光电二极管的作用是将光波转换成电压信号。如果光或红外线辐射照到 PN 结上，就会产生自由电子和空穴，从而形成一个穿越 PN 结的电流。也就是说，作用到光电二极管上的光越强，流过光电二极管的电流就越大，这个过程称为光电效应。

光电二极管反向与一个电阻串联。如果照射光的强度增大，流过光电二极管的电流增大，那么电阻上的压降也就增大了，于是光信号就被转换成电压信号，如图 5-27 所示。

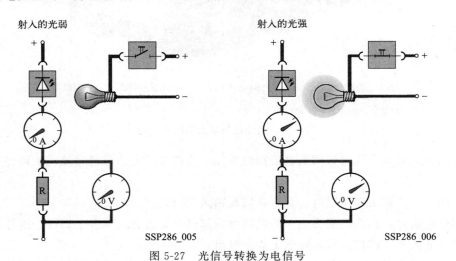

图 5-27　光信号转换为电信号

（2）光纤使用中的注意事项

进行车辆线束方面的工作时必须非常细心，因为与铜导线相比，光缆损坏时可能不会导致故障立即发生，而是在客户以后使用车辆时才表现出来。

光纤内光脉冲的发射距离越大功率损失也越大，这种自然形成的功率损失被称为衰减。衰减量不允许超过某个规定值，否则相应控制单元内的接收模块将无法处理这个光脉冲。有两种基本形式的衰减，一种是自然衰减，是由光脉冲从发射模块至接收模块走过的距离而产生的（为防止衰减过度，严禁使用过长的光纤）；另一种是故障衰减，是因为光脉冲传输区域有缺陷而产生的。

（3）光纤的维护

① 光导纤维的防弯折装置　在铺设光导纤维时，安装了防弯折装置（波形管），以保证最小 25mm 的曲率半径。

② 光纤插头连接要规范　为了使光波在光纤插头中没有大的衰减，在连接插头时一定要规范，不能有端面错位（插头壳体碎裂）、端面未对正（角度不对）、光导纤维的端面与控制单元的接触面之间有空隙（插头壳体碎裂或未定位）和端套变形的现象。光纤插头的结构见图 5-28。

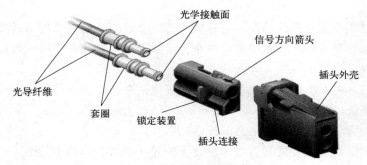

图 5-28　光纤插头的结构

③ 只能用专用工具切割光纤　光纤在维修和使用中，为了能使传输过程中的损失尽量小，光导纤维的端面应该光滑、垂直、洁净。要达到这种要求只能使用专用光纤切割工具来实现，切削面上的污垢和剐痕会加大传送损失（衰减）。

④ 维护注意事项

维护光导纤维及其构件时应注意如下几点。

a. 不允许用热处理之类的维修方法，如钎焊、热粘接及焊接。

b. 不允许用化学及机械方法，如粘贴、平接及对接。

c. 不允许将两条光导纤维线绞合在一起，或者一根光导纤维与一根铜线绞合在一起。

d. 不允许对包层打孔、切割、压缩变形等，另外装入车内时不可以有物体压到包层。

e. 端面上不可脏污，如液体、灰尘等，只有在插接和检测时才可以小心地取下保护盖。

f. 在车内铺设光纤时不可打结，更换时注意其正确的长度。

5.2.1.2　MOST 的定义与特点

（1）MOST 总线的定义

MOST（media-oriented systems transport）是一种用于多媒体数据传输的网络系统，如图 5-29 所示。通过采用 MOST 总线，不仅可以减小连接部件的线束质量、降低噪声，还可以减轻系统开发技术人员的负担，最终在用户处实现各种设备的集中控制。

图 5-29　MOST 总线的标志

（2）MOST 总线的特点

① 传输介质：光纤，优化信息传送质量；光纤网络不会受到电磁辐射干扰。

② 传输速率高：保证低成本的条件下，可达到 24.8Mbit/s 的数据传输速率。

③ MOST 网络不需要额外的主电控单元，结构灵活，易于扩展。

④ 支持声音和压缩图像的实时处理，最多可以同时传送 15 个频道 CD 质量的非压缩音频数据。

⑤ 节点数：在一个局域网上，最多可连接 64 个节点。

⑥ 拓扑结构：MOST 总线利用光脉冲传输数据，大多采用环形结构。

拓展阅读　为什么要采用 MOST 总线？

随着人们对车载娱乐系统功能、信息服务功能及通信功能需求的不断提高，车载信息娱乐装置的数量和复杂程度不断增加，汽车传输数据、声音或音像时的数量越来越多，对数据传输速率要求也越来越高（如图 5-30 所示），例如，仅仅是带有立体声的数字式电视系统，就需要约 6Mbit/s 的传输速率，因此，传统网络已无法满足需求。虽然目前已有许多种车载网络系统，如 LIN 总线（20kbit/s）、CAN 总线（1Mbit/s）等，但这些总线的传输速率都无法满足车用多媒体信息的传输之需。

随着车内娱乐系统的发展和数据传输技术的进步（如倒车影像功能），车用电子越来越需要使用多媒体式传输，最适合上述要求的接口就是 MOST。

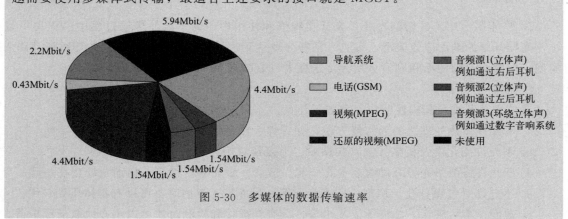

图 5-30　多媒体的数据传输速率

5.2.1.3　MOST 的结构

（1）MOST 总线的拓扑结构

如图 5-31 所示，MOST 总线系统采用环形拓扑结构，控制单元通过光导纤维沿环形方向将数据发送到下一个控制单元。这个过程一直在持续进行，直至首先发出数据的控制单元又接收到这些数据。可以通过数据总线自诊断接口和诊断 CAN 总线来对 MOST 系统进行故障诊断。

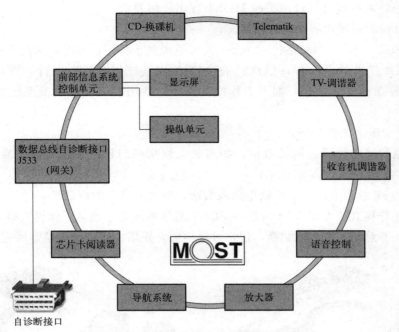

图 5-31 MOST 总线系统的环形拓扑结构

在 MOST 总线中，每个终端设备（节点、控制单元）在一个具有环形结构的网络中通过光导纤维环相互连接。音频、视频数据信息在环上循环，该信息将由每个节点控制单元读取和转发。当一个节点要发送数据时，该节点生成发射就绪信息，并把它改成"占用"信息，被作为接收器地址的节点复制数据，并在环形总线上继续发送。如果数据重新到达发射器，发射器就把数据从环上删除，并重新生成发射就绪信息。各个控制单元之间的连接，通过一个数据只沿一个方向传输的环形总线实现。也就是说，一个控制单元拥有两根光导纤维，一根光导纤维用于发射器，一根光导纤维用于接收器。

（2）MOST 总线系统管理器

MOST 总线系统管理器与诊断管理器共同负责 MOST 总线内的系统管理。系统管理器的作用如下：

① 控制系统状态。

② 发送 MOST 总线信息。

③ 管理传输容量。

（3）MOST 总线的工作状态

① 休眠模式　处于休眠模式时，MOST 总线内没有数据交换，静态电流降至最小值，系统处于待命状态（如图 5-32 所示），只能由系统管理器发出的光波启动脉冲来激活。

进入休眠模式的条件如下：

a. MOST 总线系统上的所有控制单元都已准备好要切换到休眠状态。

图 5-32　处于休眠模式下的 MOST 系统

b. 其他总线系统没有通过网关向 MOST 提出任何要求。

c. 故障自诊断系统没有处于工作状态。

② 备用模式　如图 5-33 所示，MOST 总线系统处于备用模式时，无法为用户提供任何服务，就像系统已经关闭一样，但这时 MOST 总线系统仍在后台运行，所有的输出介质（如显示屏、收音机放大器等）都不工作或不发声。备用模式在启动及系统持续运行时被激活。

备用模式的激活条件如下：

a. 由其他数据总线通过网关激活，如驾驶人侧车门门锁打开、车钥匙插入点火开关、点火开关 ON 挡接通等。

b. 由 MOST 总线上的某个控制单元来激活，如外界打入的电话等。

③ 通电工作模式　如图 5-34 所示，MOST 总线系统处于通电工作模式时，控制单元完全接通，MOST 总线上有数据交换，用户可使用影音娱乐、通信、导航等所有功能。

图 5-33　处于备用模式下的 MOST 系统

图 5-34　处于通电工作模式下的 MOST 系统

通电工作模式的前提条件如下：

a. MOST 总线处于备用状态。

b. 其他数据总线通过网关激活 MOST 总线系统（如将汽车钥匙插入使用和启动授权开关内，S 触点闭合）。

c. 通过用户操作影音娱乐设备来激活 MOST 总线系统（如操作多媒体操纵单元 E380 的功能选择按钮）。

5.2.1.4　MOST 的数据传输

(1) 信息帧

① 脉冲频率　MOST 系统管理器以 44.1kHz 的脉冲频率向环形总线上的下一个控制单元发送信息帧。由于使用了固定的时间光栅和脉冲频率，MOST 系统允许传递同步数据。

在 MOST 系统中，音频和视频信息必须以同步数据形式，用相同的时间间隔来发送。MOST 系统采用的 44.1kHz 这个固定的脉冲频率与数字式音频、视频装置（如 CD 机、DVD 机）的传输频率是相同的，可以实现整个系统的脉冲频率同步。

② 信息帧的结构　在 MOST 系统中，一个信息帧的大小为 64B（1B＝8bit），可分成如图 5-35 所示的几部分。

a. 起始区　起始区表示一个信息帧的开始，每段信息帧都有自己的起始区。

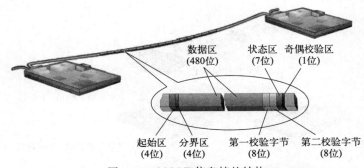

数据区   状态区   奇偶校验区
(480位)   (7位)   (1位)

起始区   分界区   第一校验字节   第二校验字节
(4位)   (4位)   (8位)   (8位)

图 5-35   MOST 信息帧的结构

b. 分界区   分界区用于区分起始区和数据区。

c. 数据区   MOST 总线在数据区最多可将 60B 的有效数据发送到控制单元。数据分为两种类型：一种是同步数据，如音频和视频信息；另一种是异步数据，如图片、用于计算的信息及文字信息等。数据区的分配是可变的（如图 5-36 所示），数据区的异步数据在 0～36B 之间，同步数据在 24～60B 之间。同步数据的传输具有优先权。异步数据根据发射器/接收器的地址（标识符）和可用异步总容量，以 4B 大小的数据包被记录并发送到接收器上。

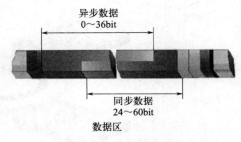

异步数据
0～36bit

同步数据
24～60bit

数据区

图 5-36   数据区的分配

d. 校验字节   两个校验字节传送发射器/接收器地址（标识符）和接收器的控制指令（如放大器音量增大或音量减小）信息。

一个信息组中的校验字节在控制单元内汇成一个校验信息帧，一个信息组中有 16 个信息帧。校验信息帧内包含控制和诊断数据，这些数据由发射器传送到接收器，即根据地址进行数据传输。

这些信息包括：发射器与前部信息控制单元之间的通信、接收器与音频放大器之间的通信以及控制信号（音量增大或音量减小）等。

e. 状态区   信息帧的状态区包含用于给接收器发送信息帧的信息。

f. 奇偶校验区   奇偶校验区用于最后检查数据的完整性，该区的内容将决定是否需要重复一次发送过程。

（2）MOST 总线的数据传输原理

① 系统启动（唤醒）   如果 MOST 总线处于休眠模式，那么首先必须通过唤醒过程将系统切换到备用模式。如果某一控制单元（系统管理器除外）唤醒了 MOST 总线，那么该控制单元就会向下一个控制单元发射一种专门调制的光波（伺服光波）。环形总线上的下一个控制单元通过在休眠模式下工作的光电二极管来接收这个伺服光波并将该光波继续下传，该过程一直进行到系统管理器为止，如图 5-37 所示。

系统管理器根据传来的伺服光波来识别是否有系统启动的请求，然后系统管理器向下一个控制单元发送一种专门调制的光波（称为主光波）。这个主光波由所有的控制单元继续传输，光导发射器接收到主光波后，系统管理器就可识别出环形总线已封闭，可以开始发送信

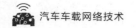

息帧了，如图 5-38 所示。

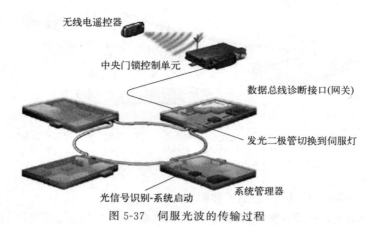

图 5-37　伺服光波的传输过程

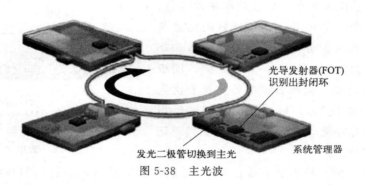

图 5-38　主光波

　　首批信息帧要求 MOST 总线上的控制单元提供标志符。系统管理器根据标志符向环形总线上的所有控制单元发送实时顺序（实际配置），于是就可以进行根据地址的数据传输了。诊断管理器将报告上来的控制单元（实际配置）与一个控制单元存储表（规定配置）进行比较。如果实际配置与规定配置不相符，则诊断管理器存储相应的故障。至此整个唤醒过程结束，可以开始数据传输了，如图 5-39 所示。

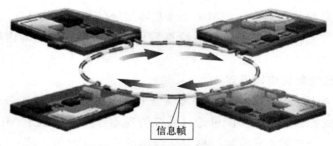

图 5-39　系统管理器发送信息帧

　　② 同步数据的传输　在 MOST 系统中，音频和视频信息是作为同步数据传输的。为了便于理解，下面以 Audi A8 2003 款汽车播放音乐 CD（如图 5-40 所示）为例来进行说明。

　　首先，用户通过多媒体操纵单元 E380 和信息显示屏 J685 来选择 CD 上的曲目。多媒体操纵单元 E380 通过一根数据线将控制信号传送至前部信息控制单元 J523（系统管理器）。

然后，系统管理器在连续不断传送的信息帧内加入一个带有以下校验数据的信息组。

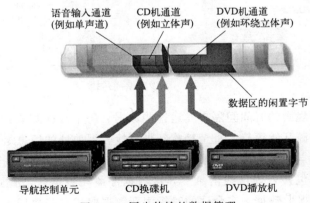

图 5-40 同步数据（音频与视频信息）的传输过程

a. 发射器地址 前部信息控制单元 J523，环形位置 1。

b. 数据源的接收器地址 CD 机，环形位置（取决于装备情况）。

c. 控制指令 播放第 10 个曲目、分配传送通道。

CD 机（数据源）确定数据区中有哪些字节可以用于传送数据，然后它加入带有以下校验数据的数据组。

数据源的发射器地址：CD 机，环形位置（取决于装备情况）。

系统管理器的接收器地址：前部信息控制单元 J523，环行位置 1.

控制命令：把 CD 的数据传送至通道 01、02、03、04（立体声）。

③ 同步传输的数据管理 如图 5-41 所示，前部信息控制单元 J523 使用下列带校验数据的数据组：

语音输入通道
（例如单声道）

CD 机通道
（例如立体声）

DVD 机通道
（例如环绕立体声）

数据区的闲置字节

导航控制单元　　　CD 换碟机　　　DVD 播放机

图 5-41 同步传输的数据管理

a. 发射器地址 前部信息控制单元 J523，环形位置 1。

b. 接收器地址 数字式音响包控制单元 J525，环形位置（取决于装备情况）。

c. 控制指令 指令 1 是读出通道 01、02、03、04，并通过扬声器播出。指令 2 是当前

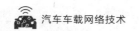

的音响效果设定，如音量、前后音量平衡、左右音量平衡、低音、高音和中音。指令3是关闭静音切换。向数字式音响包控制单元J525（数据接收器）发出播放音乐的指令。

CD机上的数据先被保存在数据区，直至信息帧经环形总线又到达CD机（即数据源）为止。这时，这些数据就被新的数据所取代且重新开始新的循环。这样可使得MOST总线上的所有输出装置（影音包、耳机）都可以使用同步数据。另外，系统管理器通过发送相应的校验数据来确定哪个装置在使用数据。

音频和视频信息的传输需使用每个数据区的几个字节，数据源会根据信号类型预定一些字节，这些已被预定的字节就称为通道（信道）。一个通道包含一个字节的数据，传输通道的数量见表5-3。通过这种预定通道的方式，多个数据源的同步数据就可以同时传输。

表 5-3　传输通道的数量

信号	通道/字节
单声道	2
立体声	4
环绕立体声	12

④ 异步数据的传输　在MOST系统中，导航系统的地图显示、导航计算、互联网网页和E-mail等图片、文本信息是作为异步数据传输的（如图5-42所示）。

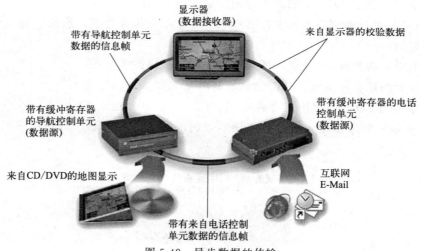

图 5-42　异步数据的传输

异步数据源以不规则的时间间隔来发送这些数据。每个数据源将其异步数据存储到缓冲寄存器内，然后数据源开始等待，直至接收到带有接收器地址的信息组。数据源将数据记录到该信息组数据区的空闲字节内。记录是以每4个字节为一个数据包的形式进行的。接收器读取数据区中的数据包并处理这些信息。异步数据停留在数据区，直到信息组又到达数据源。数据源从数据区提取数据，在合适的时候用新数据取代这些数据。

5.2.1.5　MOST 总线的应用

MOST总线可连接汽车音响系统、视频导航系统、车载电视、高保真音频放大器、车载电话、多碟CD播放器等模块，其数据传输速率最高可达22.5Mbit/s，而且没有电磁干扰。因此，目前高端汽车上大多采用 MOST 系统连接其车载影音娱乐系统。如图 5-43 所示为奥迪 A8 汽车的信息及娱乐多媒体系统。

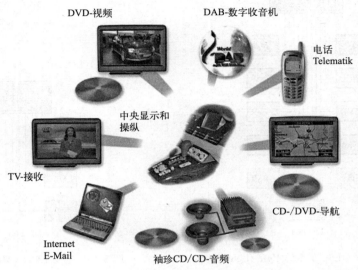

图 5-43　奥迪 A8 汽车的信息及娱乐多媒体系统

5.2.2　Byte flight 总线系统

5.2.2.1　Byte flight 总线简介

（1）Byte flight 的功能与发展

Byte flight 系统是 BMW 与 Motorola、Elmos、Infineon 合作开发的，主要用于传输时间上要求特别紧迫的安全气囊系统数据。Byte flight 系统的数据传输速率为 10Mbit/s，可以满足对数据传输的实时性要求非常高的汽车安全气囊系统的要求，且可在强电磁干扰条件下可靠地传输数据。

Byte flight 在 ISIS（智能安全集成系统）和 ACE（高级安全电子设备）中使用。这两个安全系统负责控制安全气囊、安全带拉紧装置和断开安全蓄电池接线柱。首次安装在 BMW 的 E65、E66、E67 车型上，用于安全气囊系统的数据传输。此后又安装于 E85、E60、E61、E63 和 E64 车型上。图 5-44、图 5-45 是不同时期 BMW 车型上采用的 Byte flight 系统。在这些系统中，Byte flight 的主控单元是 SIM（安全和信息模块）或 SGM（安全和网关模块）。

（2）Byte flight 总线的拓扑结构

BMW 车辆使用 Byte flight 控制单元联网。这些控制单元用于控制安全气囊系统、成员保护系统和安全蓄电池接线柱。数据传输介质是光导纤维，光导纤维通过光波脉冲传输数据。因此，相对于传统铜质导线来说，光导纤维在复杂的电磁环境中更不易于受到外部干扰，数据传输速率为 10Mbit/s。也就是说，它的数据传输速率比高速总线 PT—CAN 还要高出 20 多倍。

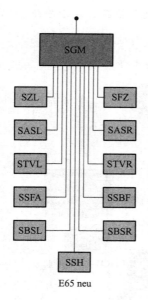

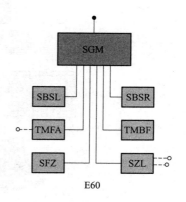

图 5-44 宝马 E65 车型的 Byte flight 系统
SASL—左侧 A 柱卫星式控制单元；SASR—右侧 A 柱卫星式控制单元；SBSL—左侧 B 柱卫星式控制单元；SBSR—右侧 B 柱卫星式控制单元；SFZ—车辆中心卫星式控制单元；SGM—安全和网关模块；SSH—后座椅卫星式控制单元；SSBF—前乘客座椅卫星式控制单元；SSFA—驾驶员座椅卫星式控制单元；STVL—左前车门卫星式控制单元；STVR—右前车门卫星式控制单元；SZL—转向柱开关中心

图 5-45 宝马 E60 车型的 byte flight 系统
SBSL—左侧 B 柱卫星式控制单元；SBSR—右侧 B 柱卫星式控制单元；SFZ—车辆中心卫星式控制单元；SGM—安全和网关模块；SZL—转向柱开关中心；TMFA—驾驶员车门模块；TMBF—前乘客车门模块

控制单元联网时仅需要一根光导纤维，且可朝两个方向双向传输数据。控制单元以时间和事件触发（控制）方式进行通信，既能以同步方式传输数据，也能以异步方式传输数据。

如图 5-46 所示，Byte flight 系统采用星形拓扑结构。星形拓扑结构的特点是一主多副，即系统有一个主控单元和多个副控单元（亦称从属控制单元）。副控单元（从属控制单元）通过一根单独的导线（光导纤维）连接到主控单元（上级控制单元）上。

主控单元接收各个副控单元发送的数据，随即又将这些数据重新发送给所有副控单元，设有地址代码的副控单元接收这些数据。由于主控单元不具有访问控制功能，而仅承担纯粹的分配功能，因此各控制单元必须通过一个协议进行通信。该协议规定了哪个控制单元何时可以发送数据。

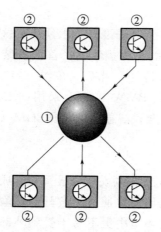

图 5-46 Byte flight 系统采用星形拓扑结构
1—主控单元（上级控制单元）；
2—副控单元（从属控制单元）

星型拓扑结构的优点是易于联网、易于扩展，且具有较高的抗干扰能力。同时，即使某个副控单元失灵，系统也能正常工作。佢缺点也是显而易见的，即布线成本较高、主控单元有故障或过载时会造成整个网络崩溃。

在 Byte flight 网络的每个控制单元内都通过发送和接收

模块将电信号转变为光信号。在早期的 BMW 车型中，SIM（安全和信息模块）是 Byte flight 的主控制单元，而在新款 BMW 车型中，SGM（安全和网关模块）是 Byte flight 的主控制单元。

5.2.2.2 Byte flight 系统的数据传输

(1) Byte flight 的数据结构

Byte flight 有多个集成了碰撞传感器的控制单元安装在车辆内的关键位置处。它们通过总线系统与 SIM 或 SGM 连接。系统不断查询所有碰撞传感器信息，并将数据分配给所有卫星式控制单元。

同 CAN 总线一样，数据也通过数据电码传输，除数据字节的数量外数据电码结构完全相同。Byte flight 可传输最长为 12 个字节的数据，Byte flight 数据电码的结构如图 5-47 所示。

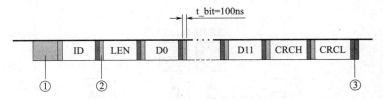

图 5-47 Byte flight 数据电码的结构

1—起始顺序；2—起始位；3—停止位；ID—标识符（决定电码的优先级和数据内容）；LEN—长度（包括数据字节的数量）；D0—数据字节 0（起始数据字节）；D11—数据字节 11（最大的结束数据字节）；CRCH—高位循环冗余码校验；CRCL—低位循环冗余码校验

Byte flight 结合了同步和异步数据传输的优点。因此能够确保重要信息的快速访问时间和次要信息的灵活使用。SIM 或 SGM 发出一个同步脉冲，其他控制单元必须遵守该脉冲。

Byte flight 数据电码分为优先级较高的电码和优先级较低的电码两类，其优先级的划分如图 5-48 所示。数据优先级通过标识符进行识别，标识符允许范围位于 1~255 之间，其中 1 表示最高优先级。优先级较高的信息是碰撞传感器发来的数据，而优先级较低的信息一般是系统状态信息和系统故障诊断信息。

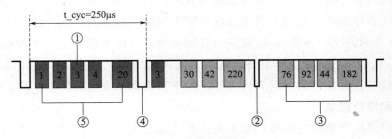

图 5-48 电码优先级

1—标识符（决定电码优先级）；2—报警同步脉冲（报警状态下的同步脉冲）；3—低优先级信息（优先级较低的电码）；4—正常同步脉冲（正常状态下的同步脉冲）；5—高优先级信息（优先级较高的电码）；t_cyc—循环时间（一个同步脉冲的循环时间）

(2) 卫星式控制单元

ISIS 有多个集成了碰撞传感器的控制单元安装在车内的关键位置处。因为这些控制单

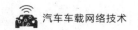

元在星形拓扑结构的 Byte flight 系统中是环绕主控制单元存在的，类似于太阳系中的卫星，故 BMW 称这些集成了碰撞传感器的控制单元为卫星式控制单元。

卫星式控制单元与主控制单元之间的电码始终以起始顺序为开始，接下来是一个标识符。数据电码的优先级通过该标识符确定。系统不断查询所有碰撞传感器信息，并将数据分配给 Byte flight 系统所有控制单元。每个字节之前都有一个起始位，每个字节之后都有一个停止位。下一个字节是长度字节，表示数据字节的数量（不超过 12 个字节）。接下来是校验码，电码最后是一个双停止位。一个电码的时间长度范围为 $4.6 \sim 16 \mu s$。

安装在车内关键位置处的多个卫星式控制单元记录数据，并通过 Byte flight 传输至主控制单元（SIM）的过程如图 5-49 所示。主控制单元（SIM）将卫星式控制单元提供的数据电码向系统内的所有卫星式控制单元发布。卫星式控制单元视碰撞的剧烈程度决定由其气囊控制是否触发以及触发强度。

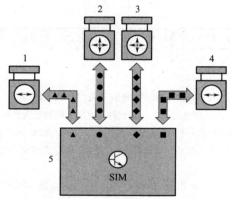

图 5-49　各个卫星式控制单元与 SIM 之间的数据流

1,2,3,4—安装于车内不同位置的卫星式控制单元；5—SIM（安全和信息模块）

（3）总线访问程序

Byte flight 系统根据规定的时间间隔分配来控制总线访问情况。执行这个控制程序时，只能在规定时间内发送特定信息，该信息通过其标识符进行识别。

当然，这个程序要求所有总线设备都保持相当准确的时间同步性。Byte flight 通过循环（反复）发送一个脉冲（同步脉冲），使该系统同步化。该同步脉冲由中央控制单元——SIM 或 SGM 发送。信息可在两个同步脉冲之间的时间间隔内发送。在每个循环周期内都同步发送非常重要的信息，在其他时间间隔内可异步发送只需偶尔发送的次要信息。

（4）发送和接收模块

发送和接收模块能够将电信号转变为光信号并通过光导纤维传输。每个卫星式控制单元都有一个电子光学发送和接收模块（SE）。

这些 SE 模块分别通过光导纤维连接在 SIM 内的智能型星形连接器上。SIM 内也有用于与各个卫星式控制单元交换数据的发送和接收模块 SE，其数据交换过程如图 5-50 所示。

Byte flight 上传输的所有信息都是以光脉冲形式发送的数据电码。SIM 内的 SE 模块接收所连卫星式控制单元发送的光脉冲。在智能型星形连接器内，数据电码发送给所有卫星式控制单元，数据交换可朝两个方向进行。

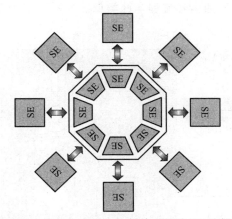

图 5-50　星形连接器与卫星式控制单元通过 SE 进行数据交换

（5）Byte flight 主控制单元

Byte flight 主控制单元执行两个任务：一是产生同步脉冲（sync pulse）；二是使卫星式控制单元进入报警模式。

在 ISIS 内将 SIM（安全和信息模块）设定为 Byte flight 系统的主控制单元（总线主控制单元），而在 ASE 内，SGM 则承担 Byte flight 系统主控制单元的功能。原则上来说，每个卫星式控制单元都可以通过软件设定为总线主控单元。但系统内只能有一个总线主控单元，其他所有总线设备（总线副控单元）都通过同步脉冲进行内部同步化。每个总线设备都可以在同步脉冲之间将电码发送到 Byte flight 总线上。

（6）同步脉冲

如图 5-51 所示，SIM 内的 Byte flight 总线主控单元以 $250\mu s$ 为时间间隔发送同步脉冲。报警模式通过同步脉冲宽度发送。处于报警状态时，一个同步脉冲的持续时间约为 $2\mu s$。同步脉冲时间通常约为 $3\mu s$。

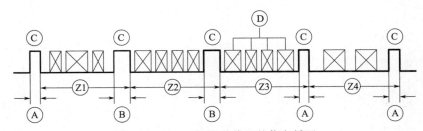

图 5-51　Byte flight 总线上的信息循环

A—报警同步脉冲；B—正常同步脉冲；C—同步脉冲；D—电码；Z1—循环 1；Z2—循环 2；Z3—循环 3；Z4—循环 4

总线主控单元必须根据所有碰撞传感器发送的信息，决定是否将卫星式控制单元设为报警模式。由总线主控单元设置报警模式后，安全系统的所有引爆电路都设为准备触发状态。需求触发一个引爆输出级时，必须始终将两个独立的信号传输到 Byte flight 总线上。

卫星式控制单元内引爆电路的高压侧开关，通过 Byte flight 总线的报警模式来控制。低压侧开关由卫星式控制单元内的微处理器控制。触发算法通过所传输的传感器信号电码识别出是否需要使低压侧开关闭合。使左前侧安全气囊引爆电路触发的信号流程如图 5-52 所示，其他部位的气囊引爆电路触发的信号流程与此类似。

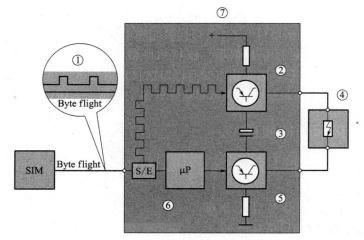

图 5-52　使左前侧安全气囊引爆电路触发的信号流程

1—报警模式脉冲；2—高压侧开关；3—引爆电容器；4—左前侧安全气囊引爆器；
5—低压侧开关；6—微处理器；7—用于控制左前侧安全气囊的卫星式控制单元

6

常见新能源汽车网络
系统故障诊断

6.1 北汽 EV160 通信系统概述

6.1.1 系统组成

北汽 EV160 如图 6-1 所示。

车载控制单元（ECUs）：如整车控制器（VCU）、电池管理系统（BMS）、电机控制器（MCU）等，负责各自领域的数据处理与控制。

数据总线：如 CAN（Controller Area Network）总线，用于 ECUs 之间的数据传输。

网关：作为不同总线或网络之间的桥梁，实现数据的有效转发和协议转换。

通讯协议：确保数据在总线上正确、有序地传输，如 CAN 协议。

图 6-1 北汽 EV160

车载诊断系统（OBD-Ⅱ）：提供故障诊断接口，便于维修和故障读取。

6.1.2 通信系统的工作原理

通信系统通过数据总线将各个控制单元连接起来，形成一个闭环或开环控制系统。当某个 ECU 需要发送数据时，它会按照相应的通信协议将数据打包并通过总线广播。其他 ECU 根据自己的需求监听并解析这些数据包，执行相应操作或反馈信息。例如，VCU 可能向 BMS 请求电池状态，BMS 则通过 CAN 总线回复当前电量、电压等信息。

6.1.3　网络结构

　　北汽 EV160 的网络结构遵循典型的汽车网络层次模型规则，分为车身控制网络、动力传动系统网络、信息娱乐网络等多个子网，如图 6-2 所示。车身控制网络通常基于 LIN 总线，负责灯光、门窗等低速功能；动力传动系统网络使用高速 CAN 总线，确保动力系统高效可靠运行；信息娱乐网络可能结合 CAN、LIN 以及无线技术，支持多媒体播放、导航及远程信息服务。这些子网之间通过网关进行数据转发，确保不同速率和协议的兼容性。

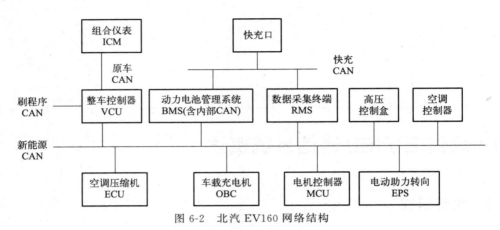

图 6-2　北汽 EV160 网络结构

6.1.4　通信系统的故障诊断

（1）目视检查

① 检查可能影响数据通信系统工作的售后加装装置。

② 检查易于接触或能够看到的系统部件，以查明其是否有明显损坏或存在可能导致故障的情况。

③ 若数据通信系统有故障，则在进行修理之前应检查连接在数据通信系统上的各个控制模块线束连接器是否都已正确连接好。

（2）CAN 总线故障预防

① 不要拉伸 CAN 总线线束。

② 不要将 CAN 总线线束拆开超过 4cm。

③ 不要将 CAN 总线线束与其他导线连接。

④ 使用厂家推荐的故障诊断仪进行诊。

（3）CAN 总线信号诊断

使用示波器双通道输入可以对 CAN 总线上传递的信号进行监测，信号应有如下特性：

① CANH 线上的电压信号为 2.5～3.5V，CANL 线上的电压信号为 1.5～2.5V。

② 信号传递随启动开关打开而开始，但启动开关关闭 2s 以后信号传递才结束。

③ 两信号互为镜像。

6.1.5 数据通信端子定义列表

北汽 EV160 数据通信端子定义列表如图 6-3 所示。

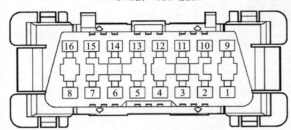

IP19诊断接口线束连接器

- Pin1：新能源CAN高
- Pin9：新能源CAN低
- Pin6：原车CAN高
- Pin14：原车CAN低
- Pin16：常电(BAT+)
- Pin5：信号地线

图 6-3 北汽 EV160 数据通信端子定义列表

6.1.6 北汽 EV160 CAN 通信线路故障的排查

指导教师		参考学时		2 学时
实训目标	1. 学生能够树立安全防护意识,正确规范完成故障诊断排查任务。 2. 学生能够正确排查电机控制器 CAN 通信线路故障,并完成相关电路图绘制。			
故障设置	实训教师可按照以下要求进行实车故障设置,故障点仅供教学参考。实训教师也可根据故障说明设置其他故障点,要求故障现象必须与实训指导书一致,且符合教学安全规范。 故障点 1:电机控制器低压插件 CAN_H(32 号)针脚退针。(结合实训主题,MCU 供电部分不设置故障)			

一、接受工作任务		成绩:	

1. 企业工作任务

北汽新能源 EV160 车主王先生经常驾车往返于老家与工作的城市,王先生最近一次回城时因道路整修选择绕道行驶,绕行道路崎岖多坑洼,所幸最终还是顺利回到了住所。第二天王先生打算用车时,发现车辆无法正常起动,仪表上的动力电池断开指示灯和系统故障灯点亮。随即车辆被送至新能源汽车维修服务站,技师负责对车辆进行故障诊断与维修。

2. 车辆信息登记

维修前务必核查确认车辆身份信息,将工作结果登记在《任务委托书》。

任务委托书

客户名称		联系电话		业务单号	
车辆类型		电机编号		行驶里程	
车牌号码		VIN 码		车辆颜色	

外观检查	（请在有缺陷部位标识"O"）	功能确认	□防盗系统	□中央门锁
			□灯光系统	□玻璃升降
			□电动天窗	□点烟器
			□空调系统	□电动后视镜
			□中控系统	□刮水清洗

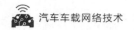

续表

电量检查		物品确认	□贵重物品	□灭火器
			□随车工具	□千斤顶
			□随车资料	□备胎
	SOC 值：_____ 颜色：_____		□三角警示牌	□其他

序号	作业项目	工时	收费类型
1	动力系统维修		正常

备注：因客户有急事办理，已为客户提供暂时替代车。

本人已确认以上内容无误，并愿按上述要求进行维修检测和费用支付。本人已将车内现金、票据以及贵重物品取走。

用户签字：_____

3. 确认故障现象

(1) 记录整车上电仪表信息数据。

	点火钥匙位置：□Start ☑On □Acc □Lock		
	READY 指示灯：☑熄灭 □点亮		续航里程：183km
	挡位情况：□R ☑N □D □E		动力电池电压值：0V
	仪表显示	提示语：无	
		故障灯：动力电池断开指示灯、系统故障指示灯	
	故障现象	无	

(2) 记录行驶模式下仪表信息数据。

	挡位情况	□R □N ☑D □E	
	车辆能否正常起动	□能 ☑不能	
	仪表显示	提示语：无	
		故障灯：动力电池断开指示灯、系统故障指示灯、能量回收关闭	
	故障现象	无	

(3) 请利用 BDS 诊断软件读取故障码和驱动电机系统数据流。

	故障码	U011087
	故障码说明	与 MCU 通信丢失

二、信息收集	成绩:

(1)北汽新能源电动汽车电机控制器对所有的输入信号进行处理,并将驱动电机控制系统运行状态的信息通过(B)发送给整车控制器。

A. TP-LINK　　　　B. CAN2.0网络　　　　C. K线　　　　D. 光纤

(2)查阅资料,填写电机控制器低压插件部分针脚的定义。

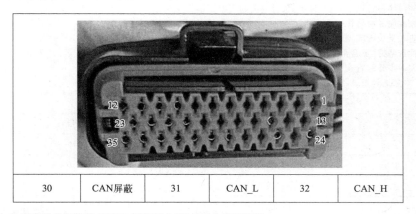

30	CAN屏蔽	31	CAN_L	32	CAN_H

(3)查阅资料,补充完整北汽能源 EV160 新能源 CAN 总线电路示意图。

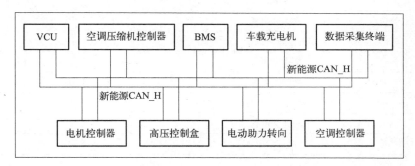

(4)北汽新能源 EV160 新能源 CAN 总线回路中各管理器之间并联(并联/串联)连接,内设两个电阻,分为位于整车控制器和电池管理系统中,单个电阻的阻值 120Ω 左右。

三、制订计划	成绩:

(1)根据车辆实际的故障现象,制订针对该故障现象的维修作业计划。

①故障现象描述。根据客户故障现象描述及确认故障现象,本次维修作业任务为:MCU 通信丢失。

②故障原因分析:动力电池断开证明车辆无法上高压,有可能与整车自检环节出现故障有关,通过 BDS 检查结果可知,MCU 自检存在问题,可能原因有①MCU 低压供电故障②MCU 通信故障(结合实训主题,低压供电故障不做讨论)

(2)请按照故障检测思路,制订维修作业计划。

作业流程		
序号	作业项目	操作要点
1	维修作业前检查及车辆防护	作业前准备及车辆防护
2	检查电机控制器的 CAN 通信回路	针脚检查及阻值测量
3	故障验证	车辆行驶验证
计划审核	审核意见: 年　月　日　签字:	

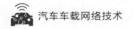

续表

(3)请根据维修作业计划,完成小组成员任务分工。

操作人		记录员	
监护人		展示员	

作业注意事项

①实训开始前应摘掉首饰,换上实训服,长发应挽起固定于脑后。
②严格按照标准完成维修作业前准备工作,注意高压安全防护及车辆整洁维护。
③严禁非专业人员或无实训教师在场的情况下私自对高压部件进行移除或安装。
④故障诊断排查坚持"安全第一"原则,严禁私自拉接线束、短路连接等违规操作。
⑤严格按照实训步骤进行实训任务,严禁使用尖锐工具暴力拆卸接插件、针脚等。
⑥爱护诊断、测量工具及设备,轻拿轻放,严禁磕碰或违规使用。

检测设备、工具、材料

序号	名称	数量	清点
1	实训用车	1辆	☑已清点
2	高压防护用具	1套	☑已清点
3	绝缘胶带	1个	☑已清点
4	隔离柱	4个	☑已清点
5	警戒线	1卷	☑已清点
6	警示标识牌	1套	☑已清点
7	翼子板防护垫	1个	☑已清点
8	绝缘万用表	1个	☑已清点
9	绝缘工具箱	1箱	☑已清点
10	BDS诊断软件	1套	☑已清点
11	VCI诊断仪	1套	☑已清点
12	测试端子	1套	☑已清点

四、计划实施　　　　　　　　　成绩:

(1)请完成维修作业前检查及车辆防护,并记录信息。
①维修作业前现场环境检查。

作业内容:
检查绝缘垫,设立隔离柱,布置警戒线,张贴警示牌。
作业结果:
现场环境达标,隔离距离正常,警示标牌清晰。

②维修作业前防护用具检查。

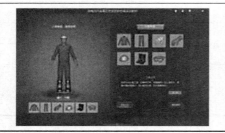

作业内容:
绝缘手套、绝缘鞋、护目镜、安全帽外观及性能检查。
作业结果:
外观检查良好,绝缘手套及绝缘鞋技术参数合格。

③维修作业前仪表工具检查。

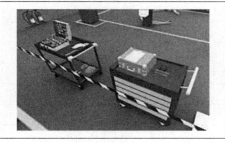

作业内容：
绝缘万用表、绝缘工具箱、放电工装外观及性能检查。
作业结果：
外观检查良好，绝缘万用表及放电工装性能正常。

④维修作业前实施车辆防护。

作业内容：
铺设翼子板防护垫、汽车维修三件套、脚垫。
作业结果：
车辆防护实施完毕，可以进行故障诊断维修任务。

（2）检查电机控制器的CAN总线通信线路，并记录数据。

①检查电机控制器CAN总线通信信号针脚状态。

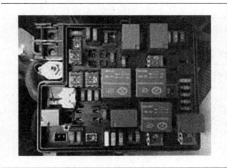

MCU 低压插件 31 号针脚状态	☑完好　□退针
MCU 低压插件 32 号针脚状态	□完好　☑退针

结果分析：经检查，电机控制器低压插件端 CAN_H 对应针脚存在退针现象，需进行修复处理。

②检查电机控制器 CAN 总线通信线路，并记录检查结果。

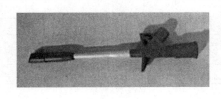

1. 下电状态下测量 MCU 低压插件 31、32 号针脚之间的阻值。

测量值	60.3Ω	标准值	60Ω

2. 上电状态下，利用免剥线测试仪分别测量 CAN_H 和 CAN_L 对车身的电压值。

CAN_H 电压值	2.6V	CAN_L 电压值	2.38V

结果分析：电机控制器低压插件 31、32 号针脚之间的实测阻值 60.3Ω 接近标准值，符合要求；另外 CAN_H 与 CAN_L 的压差为 0.22V，符合压降要求，这证明电机控制器的 CAN 总线通信信号正常，且传输线路无故障。

（3）如果 CAN 总线线压差异常，一般由整车高压器件信号干扰所致，一般使用 PCAN 设备检测干扰源，常见的干扰源有空调压缩机（占比 70%～80%）、车载充电机（占比 10%）、空调面板（占比 15%）。

（4）请完成整车上电及车辆驾驶操作，以验证故障现象是否解除。

①记录整车上电仪表信息数据。

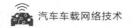

	点火钥匙位置：□Start ☑On □Acc □Lock	
	READY 指示灯：□熄灭 ☑点亮	续航里程：182km
	挡位情况：□R ☑N □D □E	动力电池电压值：366V
	仪表显示	提示语：无
		故障灯：无
	故障现象	无

②记录行驶模式仪表信息数据。

	挡位情况	□R □N ☑D □E
	车辆能否正常起动	☑能 □不能
	仪表显示	提示语：无
		故障灯：无
	故障现象	无

③故障验证结论。

结论：当点火钥匙置于 ON 位置时，READY 指示灯点亮，仪表参数显示正常，无故障；行驶模式时仪表参数显示正常，车辆可正常行驶，故障完全解除。此故障现象因电机控制器低压插件 CAN_H 针脚退针所致。

五、质量检查	成绩：

请实训指导教师检查本组作业结果，并针对实训过程出现的问题提出改进措施及建议。

序号	评价标准	评价结果
1	规范采集故障现象并进行故障分析	
2	规范完成 CAN 总线通信线路故障排查	
3	维修完毕车辆可正常上电行驶	
4	维修完毕恢复场地	
综合评价	☆☆☆☆☆	
综合评语 （作业问题及改进建议）		

六、评价反馈	成绩：

请根据自己在实训中的实际表现进行自我反思和自我评价。

自我反思：_____

_____。

自我评价：_____

_____。

实训成绩单				
项目	评价标准	分值	得分	
接收工作任务	明确工作任务，准确记录客户及车辆信息	5		
	熟练使用 BDS 诊断软件完成数据流查询及故障码读取	10		
信息收集	掌握工作相关知识及操作要点	15		
制订计划	正确完成车辆初步检查与诊断分析	5		
	准确制订故障诊断流程且技术合理可行	10		

项目	评价标准	分值	得分
计划实施	正确规范完成作业前准备及车辆防护工作	10	
	正确检查电机控制器的 CAN 总线通信线路故障	15	
	正确规范完成故障验证环节并记录数据	10	
	正确规范完成维修作业后现场恢复及工具归整	10	
质量检查	按照要求完成相应任务	5	
评价反馈	经验总结到位,合理评价	5	
得分(满分 100)			

6.2 帝豪 EV450 通信系统概述

6.2.1 系统组成

在吉利帝豪 EV450 车型（如图 6-4 所示）上，采用了先进的车辆网络通信技术以实现各电子控制单元（ECU）之间的高效、可靠通信。具体包括以下三种数据通信方式：

图 6-4 吉利帝豪 EV450

① CAN(Controller Area Network) 总线：全称是控制器局域网络总线，即控制设备相互连接，进行数据交换，是国际上应用最广泛的现场总线之一，被设计为汽车环境中的微控制器通信总线，在各电子控制单元之间交换信息，形成汽车电子控制网路。

② K-LINE(Keyword Line)：LIN 是用于汽车分布式电控系统的一种新型低成本串行通信系统，主要用于智能传感器和执行器的串行通信。

③ K-LINE（诊断）：故障诊断接口是世界各汽车生产商之间协商和调节的结果。用故障诊断仪与车辆通信以及用故障诊断仪给车辆所用的通信系统编程时必须用该连接器。

6.2.2 系统优点

① 减少控制电路导线的数量　通过采用总线通信，能够集中管理多个子系统的信息传递，从而大幅度减少各个部件间单独连线的需求。

② 降低线束重量　由于电线数量的减少，整个线束的重量也随之减轻，有助于降低整车质量，提高能源效率并优化车辆性能。

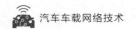

③ 控制装置插头芯针数量更少　每个 ECU 仅需少数几个连接点即可接入网络，简化了接插件的设计和制造，降低了生产成本和装配复杂度。

④ 提高可靠性和耐用性　通过标准化的通信协议和错误检测机制，增强了系统整体的稳定性和抗干扰能力，减少了因线路问题导致的故障率，延长了零部件寿命。

⑤ 增强互操作性和扩展性　模块化设计便于添加新的控制单元或者升级已有单元的功能，便于未来的技术更新和功能拓展。

⑥ 提升故障诊断效率　专用的诊断 K-LINE 提供了便捷高效的故障代码读取和清除手段，方便快速定位和修复车辆故障，大大提升了售后服务质量和用户体验。

6.2.3　帝豪 EV450 通信系统的工作原理

(1) CAN 总线说明

CAN 总线的通信介质是双绞线，其中高速 CAN 总线的通信速率为 500kbps。双绞线终端为 2 只 120Ω 的电阻。

高速 CAN 总线是差分总线。高速 CAN 总线串行数据总线（H 线）和高速 CAN 总线串行数据总线（L 线）从静止或闲置电平驱动到相反的极限。2.5V 的闲置电平被认为是隐性传输数据并解释为逻辑 1。将线路驱动至极限时，高速 CAN 总线串行数据总线（H 线）将升高 1V 而高速 CAN 总线串行数据总线（L 线）将降低 1V。极限电压差 2V 被认为是显性传输数据并解释为逻辑 0，如图 6-5 所示。

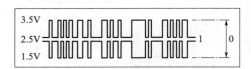

图 6-5　显性传输数据

发送 CAN 信号时，电流从控制器的发送端流到 CAN-H 线，经过终端电阻流入 CAN-L 线，再返回控制器的接收端。如果通信信号丢失，程序将针对各控制模块设置失去通信故障诊断码，该故障诊断码可被故障诊断仪读取。

(2) CAN 总线应用

帝豪 EV450 有 2 路 CAN 通信总线。CAN 总线网络由以下部件组成 BCM、诊断接口 (DLC)、ACM（辅助控制模块）、ACU（安全气囊模块）、ABS/ESC、VCU（整车控制器）、TCU（变速器控制器）、BMS（电池控制单元）、PEU（电机控制器）、组合仪表、空调控制器、EPB（电子驻车模块）、转向角传感器、电动压缩机、DVD、EPS（电动助力转向）、油泵控制器等。

(3) LIN 总线应用

BCM 使用 LIN 总线与启动开关、电子转向锁中的防盗基站进行数据通信，以验证遥控钥匙的有效性。BCM 使用 LIN 总线与前、后、左、右 4 个车门的电动窗升降电机及诊断接口进行数据通信。空调控制面板使用 LIN 总线与电加热器（PTC）、加热器水泵进行数据通信。

(4) K 线说明

K 线用于外部测试设备和车载诊断接口之间的诊断通信。传输速率 10.47kbps。传输信号时其电压在 0V 和 12V 之间切换：12V，逻辑 "1"；0V，逻辑 "0"。

(5) K 线应用

使用外部测试设备可通过车载诊断接口之间的 K 线访问 ABS/ESC、组合仪表、空调控制器、TPMS 等模块的诊断数据，如图 6-6 所示。

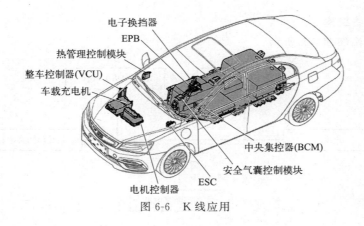

图 6-6　K 线应用

6.2.4　帝豪 EV450 通信系统的网络结构

(1) CAN 网络结构

CAN 网络结构如图 6-7 所示。

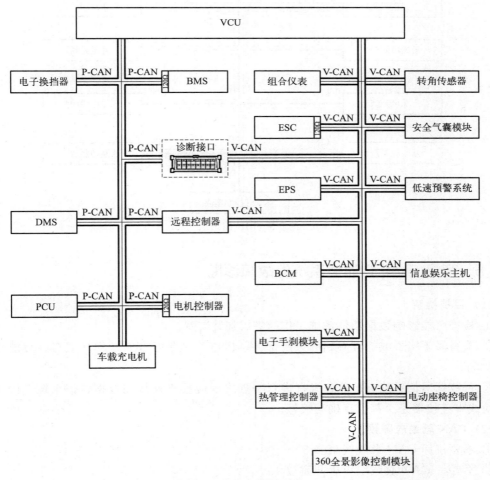

图 6-7　CAN 网络结构

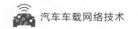

（2）LIN 网络结构

LIN 网络结构如图 6-8 所示。

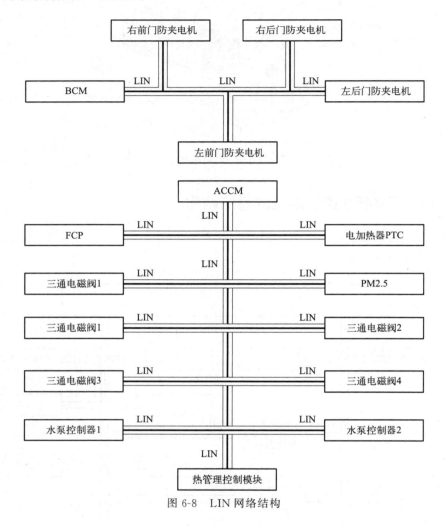

图 6-8　LIN 网络结构

6.2.5　帝豪 EV450 通信系统的故障诊断

（1）目视检查

① 检查可能影响数据通信系统工作的售后加装装置。

② 检查易于接触或能够看到的系统部件，以查明其是否有明显损坏或存在可能导致故障的情况。

③ 若数据通信系统有故障，则在进行修理之前应检查连接在数据通信系统上的各个控制模块线束连接器是否都已正确连接好。

（2）CAN 总线故障预防

① 不要拉伸 CAN 总线线束。

② 不要将 CAN 总线线束拆开超过 4cm。

③ 不要将 CAN 总线线束与其他导线连接。

④ 使用厂家推荐的故障诊断仪进行诊。

（3）CAN 总线信号诊断

使用示波器双通道输入可以对 CAN 总线上传递的信号进行监测，信号应有如下特性：

① CANH 线上的电压信号为 2.5～3.5V，CANL 线上的电压信号为 1.5～2.5V。

② 信号传递随启动开关打开而开始，但启动开关关闭 2s 以后信号传递才结束。

③ 两信号互为镜像。

6.2.6 数据通信端子定义列表

诊断接口线束连接器 IP19 如图 6-9 所示。数据通信端子定义列表如表 6-1 所示。

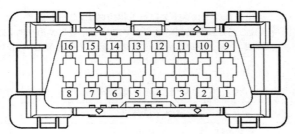

图 6-9　诊断接口线束连接器 IP19

表 6-1　数据通信端子定义列表 1

端子号	端子定义	线径、颜色
1	CCAN-L（电机控制器）	B/W
2	CCAN-H（电机控制器）	P/W
3	PCAN-H	Gr/O
4	接地	B
5	接地	B
6	VCAN-H	Gr
7	UDS CAN-1L（VCU）	Y/B
8	UDS CAN-1H（VCU）	L/R
9	CAN-H（BMS 模块）	L/W
10	CAN-L（BMS 模块）	G/R
11	PCAN-L	L/B
12	—	—
13	LIN	V/Y
14	VCAN-L	L/W
15	—	—
16	KL30	Y/G

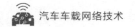

汽车车载网络技术

6.2.7 EV450 CAN 通信线路故障的排查

指导教师		参考学时	2 学时
实训目标	1. 学生能够树立安全防护意识,正确规范完成故障诊断排查任务。 2. 学生能够正确排查电机控制器 CAN 通信线路故障,并完成相关电路图绘制。		
故障设置	实训教师可按照以下要求进行实车故障设置,故障点仅供教学参考。实训教师也可根据故障说明设置其他故障点,要求故障现象必须与实训指导书一致,且符合教学安全规范。 故障点1:电机控制器低压插件 CAN_H(20 号)针脚断路。(结合实训主题,MCU 供电部分不设置故障)		

一、接受工作任务	成绩:

1. 企业工作任务

吉利帝豪新能源 EV450 车主王先生经常驾车往返于老家与工作的城市,王先生最近一次　回城时因道路整修选择绕道行驶,绕行道路崎岖多坑洼,所幸最终还是顺利回到了住所。第二天王先生打算用车时,发现车辆无法正常起动,仪表上的动力电池断开指示灯和系统故障灯点亮。随即车辆被送至新能源汽车维修服务站,技师负责对车辆进行故障诊断与维修。

2. 车辆信息登记

维修前务必核查确认车辆身份信息,将工作结果登记在《任务委托书》。

任务委托书

客户名称		联系电话		业务单号	
车辆类型		电机编号		行驶里程	
车牌号码		VIN 码		车辆颜色	

外观检查	(请在有缺陷部位标识"O")	功能确认	□防盗系统　□中央门锁 □灯光系统　□玻璃升降 □电动天窗　□点烟器 □空调系统　□电动后视镜 □中控系统　□刮水清洗
电量检查	SOC 值:_____ 颜色:_____	物品确认	□贵重物品　□灭火器 □随车工具　□千斤顶 □随车资料　□备胎 □三角警示牌　□其他

序号	作业项目	工时	收费类型
1	动力系统维修		正常

备注:因客户有急事办理,已为客户提供暂时替代车辆。

本人已确认以上内容无误,并愿按上述要求进行维修检测和费用支付。本人已将车内现金、票据以及贵重物品取走。

用户签字:_____

154

3.确认故障现象

(1)记录整车上电仪表信息数据。

点火钥匙位置:□Start ☑On □Acc □Lock		
READY指示灯:☑熄灭 □点亮		续航里程:65.3km
挡位情况:□R ☑N □D □E		动力电池电压值:0V
仪表显示	提示语:无	
	故障灯:动力电池断开指示灯、系统故障指示灯	
故障现象	无	

(2)记录行驶模式下仪表信息数据。

挡位情况	□R □N ☑D □E	
车辆能否正常起动	□能 ☑不能	
仪表显示	提示语:无	
	故障灯:动力电池断开指示灯、系统故障指示灯、能量回收关闭	
故障现象	无	

(3)请利用道通 MS908E 诊断软件读取故障码和驱动电机系统数据流。

序号	故障码	模块	含义	故障码	U044286
1	U010008	ABS/ESP	发动机控制单元信号无效		
2	U044286	EPB	VCU节点存在无信号		
3	U011087	T-BOX	与IPU失去通信	故障码说明	VCU节点存在无信号
4	U011287	OBC	与高压电池控制器通讯丢失		

二、信息收集	成绩:

(1)吉利帝豪新能源电动汽车电机控制器对所有的输入信号进行处理,并将驱动电机控制系统运行状态的信息通过(B)发送给整车控制器。

A. TP-LINK　　　　B. CAN2.0网络　　　　C. K线　　　　D. 光纤

(2)查阅资料,填写电机控制器低压插件部分针脚的定义。

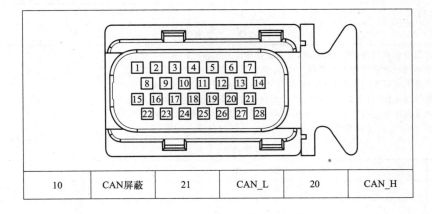

10	CAN屏蔽	21	CAN_L	20	CAN_H

(3)查阅资料,补充完整吉利帝豪新能源 EV450 CAN 总线电路示意图。

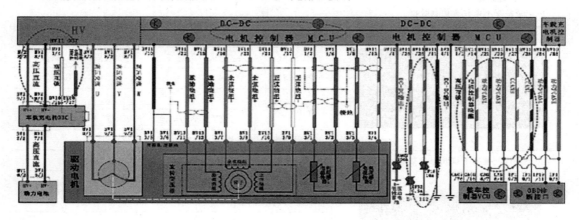

三、制订计划	成绩:

(1)根据车辆实际的故障现象,制订针对该故障现象的维修作业计划。

①故障现象描述。根据客户故障现象描述及确认故障现象,本次维修作业任务为:VCU 通信丢失。

②故障原因分析:动力电池断开证明车辆无法上高压,有可能与整车自检环节出现故障有关,通过检查结果可知,VCU 自检存在问题,可能原因有①VCU 低压供电故障②VCU 通信故障(结合实训主题,低压供电故障不做讨论)

(2)请按照故障检测思路,制订维修作业计划。

作业流程		
序号	作业项目	操作要点
1	维修作业前检查及车辆防护	作业前准备及车辆防护
2	检查电机控制器的 CAN 通信回路	针脚检查及阻值测量
3	故障验证	车辆行驶验证
计划审核	审核意见: 年　　月　　日　　签字:	

(3)请根据维修作业计划,完成小组成员任务分工。

操作人		记录员	
监护人		展示员	

作业注意事项
①实训开始前应摘掉首饰,换上实训服,长发应挽起固定于脑后。 ②严格按照标准完成维修作业前准备工作,注意高压安全防护及车辆整洁维护。 ③严禁非专业人员或无实训教师在场的情况下私自对高压部件进行移除或安装。 ④故障诊断排查坚持"安全第一"原则,严禁私自拉接线束、短路连接等违规操作。 ⑤严格按照实训步骤进行实训任务,严禁使用尖锐工具暴力拆卸接插件、针脚等。 ⑥爱护诊断、测量工具及设备,轻拿轻放,严禁磕碰或违规使用。

检测设备、工具、材料			
序号	名称	数量	清点
1	实训用车	1辆	☑已清点
2	高压防护用具	1套	☑已清点

续表

序号	名称	数量	清点
3	绝缘胶带	1个	☑已清点
4	隔离柱	4个	☑已清点
5	警戒线	1卷	☑已清点
6	警示标识牌	1套	☑已清点
7	翼子板防护垫	1个	☑已清点
8	绝缘万用表	1个	☑已清点
9	绝缘工具箱	1箱	☑已清点
10	BDS 诊断软件	1套	☑已清点
11	VCI 诊断仪	1套	☑已清点
12	测试端子	1套	☑已清点

四、计划实施	成绩：

(1)请完成维修作业前检查及车辆防护,并记录信息。

①维修作业前现场环境检查。

作业内容：
检查绝缘垫,设立隔离柱,布置警戒线,张贴警示牌。
作业结果：
现场环境达标,隔离距离正常,警示标牌清晰。

②维修作业前防护用具检查。

作业内容：
绝缘手套、绝缘鞋、护目镜、安全帽外观及性能检查。
作业结果：
外观检查良好,绝缘手套及绝缘鞋技术参数合格。

③维修作业前仪表工具检查。

作业内容：
绝缘万用表、绝缘工具箱、放电工装外观及性能检查。
作业结果：
外观检查良好,绝缘万用表及放电工装性能正常。

④维修作业前实施车辆防护。

作业内容：
铺设翼子板防护垫、汽车维修三件套、脚垫。
作业结果：
车辆防护实施完毕，可以进行故障诊断维修任务。

（2）检查电机控制器的 CAN 总线通信线路，并记录数据。
①检查电机控制器 CAN 总线通信信号针脚状态。

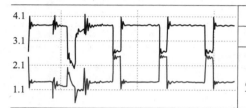

VCU 低压插件 20 号针脚状态	□完好　□退针
VCU 低压插件 21 号针脚状态	□完好　□退针

结果分析：经检查，电机控制器低压插件端 CAN_H 对应针脚存在退针现象，需进行修复处理。

②检查电机控制器 CAN 总线通信线路，并记录检查结果。

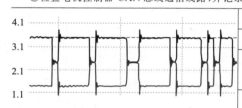

1. 下电状态下测量 VCU 低压插件 20、21 号针脚之间的阻值。

测量值	60.3Ω	标准值	60Ω

2. 上电状态下，利用免剥线测试仪分别测量 CAN_H 和 CAN_L 对车身的电压值。

CAN_H 电压值	2.6V	CAN_L 电压值	2.38V

结果分析：电机控制器低压插件 20、21 号针脚之间的实测阻值 60.3Ω 接近标准值，符合要求；另外 CAN_H 与 CAN_L 的压差为 0.22V，符合压降要求，这证明电机控制器的 CAN 总线通信信号正常，且传输线路无故障。

（3）如果 CAN 总线线压差异常，一般由整车高压器件信号干扰所致，一般使用 PCAN 设备检测干扰源，常见的干扰源有空调压缩机（占比 70%～80%）、车载充电机（占比 10%）、空调面板（占比 15%）。

（4）请完成整车上电及车辆驾驶操作，以验证故障现象是否解除。
①记录整车上电仪表信息数据。

点火钥匙位置:□Start　☑On　□Acc　□Lock			
READY 指示灯:□熄灭　☑点亮		续航里程:65.3Km	
挡位情况:□R　☑N　□D　□E		动力电池电压值:366V	
仪表显示	提示语:无		
	故障灯:无		
故障现象	无		

②记录行驶模式仪表信息数据。

挡位情况	□R　□N　☑D　□E
车辆能否正常起动	☑能　□不能
仪表显示	提示语:无
	故障灯:无
故障现象	无

③故障验证结论。

结论:当点火钥匙置于 ON 位置时,READY 指示灯点亮,仪表参数显示正常,无故障;行驶模式时仪表参数显示正常,车辆可正常行驶,故障完全解除。此故障现象因电机控制器低压插件 CAN_H 针脚退针所致。

五、质量检查		成绩:

请实训指导教师检查本组作业结果,并针对实训过程出现的问题提出改进措施及建议。

序号	评价标准	评价结果
1	规范采集故障现象并进行故障分析	
2	规范完成 CAN 总线通信线路故障排查	
3	维修完毕车辆可正常上电行驶	
4	维修完毕恢复场地	
综合评价	☆☆☆☆☆	
综合评语 (作业问题及改进建议)		

六、评价反馈		成绩:

请根据自己在实训中的实际表现进行自我反思和自我评价。

自我反思:＿＿＿＿＿＿＿＿＿＿＿＿＿＿＿＿＿＿＿＿＿＿＿＿＿＿＿＿＿＿

＿＿＿＿＿＿＿＿＿＿＿＿＿＿＿＿＿＿＿＿＿＿＿＿＿＿＿＿＿＿＿＿。

自我评价:＿＿＿＿＿＿＿＿＿＿＿＿＿＿＿＿＿＿＿＿＿＿＿＿＿＿＿＿＿＿

＿＿＿＿＿＿＿＿＿＿＿＿＿＿＿＿＿＿＿＿＿＿＿＿＿＿＿＿＿＿＿＿。

实训成绩单

项目	评价标准	分值	得分
接收工作任务	明确工作任务,准确记录客户及车辆信息	5	
	熟练使用 BDS 诊断软件完成数据流查询及故障码读取	10	
信息收集	掌握工作相关知识及操作要点	15	
制订计划	正确完成车辆初步检查与诊断分析	5	
	准确制订故障诊断流程且技术合理可行	10	
计划实施	正确规范完成作业前准备及车辆防护工作	10	
	正确检查电机控制器的 CAN 总线通信线路故障	15	
	正确规范完成故障验证环节并记录数据	10	
	正确规范完成维修作业后现场恢复及工具归整	10	
质量检查	按照要求完成相应任务	5	
评价反馈	经验总结到位,合理评价	5	
得分(满分100)			

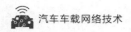

习题与答案

课后习题

参考答案

参 考 文 献

[1] 于万海 . 车载网络系统原理与检修 [M].3 版 . 北京：电子工业出版社，2018.

[2] 凌永成 . 车载网络技术 [M].3 版 . 北京：机械工业出版社，2020.

[3] 孙春玲，刘福海 . 汽车车载网络系统检修 [M]. 济南：山东大学出版社，2020.

[4] 刘春晖 . 汽车车载网络技术详解 [M]. 北京：机械工业出版社，2019.

[5] 吉利，马明芳 . 车载网络系统诊断检修 [M]. 北京：机械工业出版社，2017.

[6] 胡思德 . 汽车车载网络（VAN/CAN/LIN）技术详解 [M]. 北京：机械工业出版社，2006.

[7] 杨庆彪 . 现代轿车全车网络系统原理与检修 [M]. 北京：国防工业出版社，2007.

[8] 韩旭东，陈志军，刘国辉 . 最新高档汽车车载网络拓扑图集 [M]. 鞍山：辽宁科技大学出版社，2018.

[9] 刘鸿健 . 汽车单片机与车载网络技术 [M]. 北京：化学工业出版社，2018.